Bernhard Rawitz

Leitfaden für histologische Untersuchungen

Bernhard Rawitz

Leitfaden für histologische Untersuchungen

ISBN/EAN: 9783743696020

Hergestellt in Europa, USA, Kanada, Australien, Japan

Cover: Foto ©ninafisch / pixelio.de

Weitere Bücher finden Sie auf **www.hansebooks.com**

Leitfaden

für

histiologische Untersuchungen.

Von

Dr. Bernhard Rawitz,
Privatdocenten an der Universität Berlin.

Jena,
Gustav Fischer.
1889.

Vorwort.

Die Absicht, die der Verfasser des vorliegenden Büchelchens verfolgt, ist die, dem Anfänger, der seine mikroskopischen Kurse absolviert hat, die Bahnen zu weisen, auf denen er bei eignen Untersuchungen mit einiger Aussicht auf Erfolg vorgehen kann, und dem erfahrenen, selbständigen Forscher eine leichte Orientierung über die bisher zu histiologischen Zwecken empfohlenen Methoden zu ermöglichen, die hier und da verstreut und häufig unter anderen Notizen versteckt sich finden.

Aus dieser Absicht heraus ergab sich die Einteilung des Stoffes. Es mußte zuerst die Beschreibung der Methoden selber gegeben werden und daran sich eine kurze Auseinandersetzung über ihre Verwendbarkeit bei der histiologischen Analyse der Gewebe und Organe des Metazoënkörpers knüpfen.

Hinsichtlich des zweiten Punktes, der Anwendung der Methoden, glaubte Verfasser sich aller der Auseinandersetzungen enthalten zu dürfen, welche tiefer auf die mikroskopische Anatomie eingingen. Histiologische Details sind daher nur so weit erwähnt, als sie mit dem rein Technischen verknüpft sind. Der erfahrene Forscher weiß diese Details selber, und der Anfänger soll den Leitfaden nur bei gleichzeitiger Konsultierung eines Lehrbuches der Histiologie oder unter den Auspizien des Lehrenden benutzen.

Hinsichtlich der Methoden war Verfasser bestrebt, Vollständigkeit zu erreichen, und er hofft, daß ihm dies geglückt ist. Die den einzelnen Kapiteln vorausgeschickten Einleitungen enthalten für den Erfahrenen nichts Neues. Dem Anfänger aber dürfte wohl anzuraten sein, die darin gegebenen Regeln zu beachten; er wird dann vor manchem Fehlschlag, vor unnütz verwendeter Arbeitskraft und vor Materialvergeudung bewahrt bleiben.

Die in Kap. V des ersten Abschnittes empfohlenen Farbstoffe sind sowohl in Substanz, wie in Lösungen, wenn letztere sich haltbar herstellen lassen, aus dem chemischen Laboratorium von Dr. GRÜBLER, Leipzig, Bayer'sche Straße 12, wie aus dem Magazin für Mikroskopie von G. KÖNIG, Berlin N.W. Dorotheenstr. 29 zu beziehen. Ist für die Karmine und Hämatoxyline die Bezugsquelle im allgemeinen gleichgiltig, so ist dieselbe von grofser Wichtigkeit für die Anilinfarbstoffe, da die verschiedenen Fabriken dieselben in verschiedener Güte und oft mit ganz verschiedenen elektiven Eigenschaften herstellen. Verfasser bezieht seit Jahren die Aniline in Substanz durch das Institut von G. KÖNIG, seine Angaben haben daher auch nur für die von dort entnommenen Giltigkeit. Dieselben Fabriken liefern übrigens auch für das Laboratorium von Dr. GRÜBLER.

Bei manchen Methoden der Fixierung wie Färbung etc. hat Verfasser, wenn er die originale Darstellung nicht auffinden konnte, mit grofsem Vorteil die Lehrbücher der Histiologie von STÖHR und ORTH, die Techniken von FREY und FOL, sowie die Tabellen von BEHRENS benutzt.

Am Schlusse des Vorworts erfüllt Verfasser noch die angenehme Pflicht, den Herren Professor Dr. F. E. SCHULZE, Professor Dr. W. FLEMMING und Custos Dr. v. MÄHRENTHAL seinen aufrichtigsten Dank abzustatten für die liebenswürdige Bereitwilligkeit, mit der sie sein Unternehmen unterstützten. Professor Dr. F. E. SCHULZE und Dr. v. MÄHRENTHAL hatten die Güte, dem Verfasser einige neue, im zoologischen Institute hiesiger Universität seit langem geübte, aber noch gar nicht oder nur versteckt publizierte Methoden zu übergeben. Professor FLEMMING teilte mit liberalster Zuvorkommenheit dem Verfasser mehrere Details mit, die seine eignen Methoden sowie die von anderen Forschern herrührenden betrafen.

Berlin, Juni 1889.

Rawitz.

Inhaltsverzeichnis.

	Seite
Vorwort	III
Inhaltsverzeichnis	V
Einleitung	1

I. Abschnitt. Die Methoden der Untersuchung. — 2

Beobachtung frischen Materials — 2
Gefriermikrotom — 3

Kap. I. Die Methoden der Isolation — 3

1) $1/3$ Alkohol, Ranvier — 4
2) $1/6$ Alkohol, Solbrig — 4
3) $1/4$ Alkohol — 4
4) Dünne Chromsäure — 4
5) Buchholz'sche Methode — 5
6) Arnold'sche Methode — 5
7) $0,01\%$—$0,05\%$ Chromsäure — 5
8) Ammonium bichromicum $0,025\%$—$0,1\%$ — 5
9) Kali bichromicum $0,1\%$, Deiters — 5
10) Kali bichromicum $0,01\%$—$0,005\%$, Deiters — 5
11) Kali bichromicum 4%—5%, Flemming — 5
12) $0,1\%$ Osmiumsäure — 6
13) 1% Osmiumsäure, Neumann — 6
14) $0,05\%$ Osmiumsäure und $0,2\%$ Essigsäure, Hertwig — 6
15) Drost'sches Gemisch — 6
16) Verdünnte Pikrinsäurelösung — 6
17) Jodserum, Max Schultze — 6
18) Kalt gesättigte wässrige Oxalsäurelösung — 6
19) Haller'sches Gemisch — 6
20) 20% Salpetersäure, Reichert — 6
21) Chlorsaures Kali mit Salpetersäure, Kühne — 6
22) Schweflige Säure, Sandmann'sche Methode — 7
23) Reine Salzsäure — 7
24) His'sche Pinselmethode — 7
24 a) Schüttelmethode — 7
25) Kühne'sche Verdauungsmethode — 7

Kap. II. Die Methoden der Fixierung und Erhärtung — 8

1) Alkohol absolutus — 10
2) Alkohol-Eisessig, van Beneden, Zacharias — 11
3) Chromsäure $1/3\%$—1% — 11
4) Chromameisensäure, Rabl — 11
5) Chromessigsäure, Semper — 12
6) Chromessigsäure, Flemming — 12
7) Chromsalpetersäure, Perényi — 12
8) Müller'sche Flüssigkeit — 12
9) Erlicki'sche Flüssigkeit — 12
10) Salpetersäure — Kali bichromicum, Benda — 12
11) Osmiumsäure, $0,5\%$, 1%—2% — 13
12) Osmiumsäure in Dampfform — 13

	Seite
13) Chromosmiumsäure, Flesch	13
14) Chromessigosmiumsäure, Flemming'sche Lösung	14
15) Fol'sche Lösung	14
16) Osmiumfixierung mit Nachbehandlung in Holzessig, Mährenthal	14
17) Pikrinsäure	15
18) Kleinenberg'sche Flüssigkeit, Pikrinschwefelsäure	15
19) Chrompikrinschwefelsäure, Fol	16
20) Pikrinsalpetersäure, P. Mayer	16
21) Pikrinosmiumsalpetersäure	16
22) Chrompikrinsäure, Fol	17
23) Konzentrierte wässrige Sublimatlösung	17
24) 0,1% Palladiumchlorür, F. E. Schulze	18
25) $^1/_{10}$%, $^1/_5$%—$^1/_3$% Platinchloridlösung, Rabl	18
26) Salpetersaures Silber	18
27) Golgi'sche Methode und Modifikation von Fusari	18
28) Cohnheim'sche Goldmethode	19
29) Prichard'sche Mischung	19
30) Hénocque'sche Goldmethode	19
31) Löwitt'sche Goldmethode	19
32) Ranvier'sche Goldmethode	19
33) Flemming'sche Goldmethode	20
34) Goldchlorid + Ameisensäure	20
35) Osmiumgoldmethode, Retzius	20
36) 3%—9% Salpetersäure	20
37) Ebners Entkalkungsflüssigkeit	20
38) Chlorpalladiumsalzsäure, Waldeyer	20
39) Grenachers Entfärbungsflüssigkeit	21
40) Alkoholische Natronlauge	21
41) Entfärbung mittels Chlordämpfen, P. Mayer	21

Kap. III. Die Methoden der Einbettung . 21

1) Einklemmen in Leber	21
2) Einklemmen in Hollundermark	22
3) Aufkleben mit Gummi	22
4) Gudden'sche Masse	23
5) Paraffineinschmelzung	23
6) Celloidineinbettung	29

Kap. IV. Schneiden und Aufkleben . 31

1) Gudden'sches Mikrotom	31
2) Schanze'sches Mikrotom	31
3) Jung'sches Mikrotom	32
Allgemeine Regeln	32
a. Giesbrecht-Mayer'sche Schellackaufklebung	35
b. Einweifslösung zum Aufkleben, P. Mayer	36
c. Kollodiumnelkenöl zum Aufkleben, Schällibaum	36
d. 50% Alkohol zum Aufkleben, Gaule	36
e. Weigert'sche Kollodiummethode	37
f. Apáthy'sche Methode	37

Kap. V. Die Methoden der Färbung . 39

α. Karmin	40
1) Ammoniakalisches Karmin, Gerlach	40
2) Lithionkarmin, Orth	40
3) Salzsaures Karmin, P. Mayer	40
4) Alkoholisches Boraxkarmin, Grenacher	41
5) Wässriges Boraxkarmin, Grenacher	41
6) Wässriges Alaunkarmin, Grenacher	41
7) Alkoholisches Alaunkarmin, Mährenthal	41
8) Alauncochenille	42
β. Hämatoxylin	42
9) Alaunhämatoxylin, Böhmer	42
10) Alaunhämatoxylin, Frey	42

Inhaltsverzeichnis. VII

	Seite
11) Alaunhämatoxylin, Delafield	42
12) Alaunhämatoxylin, Renaut-Friedländer	42
13) Glycerinalaunhämatoxylin	42
14) Eisessigalaunhämatoxylin, Ehrlich	43
15) Alaunhämatoxylin, Kleinenberg	43
Allgemeine Regeln bei Anwendung des Hämatoxylins	43
16) Heidenhain'sche Hämatoxylinfärbung	44
17) Apáthy'sche Hämatoxylinfärbung	44
18) Benda'sche Eisenhämatoxylinfärbung	45
18a) Benda'sche Kupferhämatoxylinfärbung	45
19) Weigert'sche Hämatoxylinfärbung	45
20) Pal'sche Hämatoxylinfärbung	46
21) Kultschitzky'sche Hämatoxylinfärbung	47

γ. Anilinfarben 47

22) Eosin	48
23) Orange G	48
24) Bismarckbraun	49
25) Dahlia, Ehrlich	49
26) Fuchsin, Frey	49
27) Fuchsin, E. Hermann	49
28) Verdünnte alkoholische Fuchsinlösung	49
29) Gentianaviolett, Bizzozzero und Vassale	49
30) Nigrosin	50
31) Safranin, Flemming	50
32) Säurefuchsin, Weigert	50

δ. Doppelfärbungen 50

33) Hämatoxylin-Karmin, Strelzoff	51
34) Pikrokarmin, Ranvier	51
35) Pikrokarmin, Weigert	51
36) Pikrokarmin (citiert nach Stöhr)	51
36a) Pikrokarmin (Hoyer)	51
37) Pikrolithionkarmin, Orth	52
38) Boraxkarmin-Indigkarmin, Norris und Shakespeare	52
39) Hämatoxylin-Safranin, Rabl	52
40) Eosin-Anilingrün, Schiefferdecker	52
41) Eosin-Hämatoxylin, Renaut	52
42) Eosin-Hämatoxylin, zweizeitiges Verfahren	53
43) Orange G-Hämatoxylin	53

ε. Dreifachfärbungen 53

44) Pikrokarmin-Hämatoxylin, Flemming	53
45) Orange G-Säurefuchsin-Methylgrün, Ehrlich-Biondi	54

Kap. VI. Das Aufheben der Präparate 54

1) Glycerin	54
2) 50% Kali aceticum	55
3) Umrandung mit Wachs	55
4) Asphaltlack	55
5) Maskenlack	55
6) Krönig'sche Masse	55
7) Nelkenöl	56
8) Kreosot	56
9) Bergamottöl	56
10) Xylol	57
11) Weigert'sche Aufhellung	57
12) Kanadabalsam	57
13) Dammarlack	58

Kap. VII. Die Methoden der Injektion 58

1) Gerlach'sche Karminmasse	59
2) Berliner Blau mit Oxalsäure, Harting	59
3) Transparentes Gelb, Thiersch	59
4) Kaltflüssige Injektion mit Berliner Blau, P. Mayer	60
5) Altmann'sche Korrosionsmethode	60
6) Injektion mit Silbersalpeter	60

II. Abschnitt. Die Anwendung der Methoden — 60

- a. Blut — 61
- b. Gewebe der Bindesubstanz — 61
  - α. Knorpel — 61
  - β. Knochen — 62
  - γ. Bindegewebe — 62
- c. Muskel- und Nervengewebe — 62
  - α. Quergestreifte Muskeln — 62
  - β. Glatte Muskeln — 63
  - γ. Markhaltige Nervenfasern — 63
  - δ. Marklose Nervenfasern — 64
  - ε. Endigung der motorischen Nerven — 64
  - ζ. Endigung der sensiblen Nerven — 64
- d. Verdauungsapparat — 65
  - α. Verdauungskanal — 65
  - β. Die grofsen Verdauungsdrüsen — 66
- e. Atmungs- und Kreislaufsapparat — 67
  - α. Atmungsapparat — 67
  - β. Kreislaufsapparat — 67
- f. Blutgefäfs- und Lymphdrüsen — 68
- g. Harnapparat — 68
- h. Genitalapparat — 69
- i. Zentralnervensystem — 70
- k. Haut — 70
- l. Zunge — 72
- m. Auge — 72
  - α. Cornea — 72
  - β. Iris — 73
  - γ. Linse — 73
  - δ. Retina — 73
  - ε. Chorioidea — 74
  - ζ. Sclera — 74
  - η. Thränendrüsen, Augenlider — 74
- n. Ohr — 74
- o. Nase — 75

Einleitung.

Je nach dem Objekte, welches einer mikroskopischen Untersuchung unterzogen werden soll, ist der Gang, den dieselbe zu nehmen hat, ein verschiedener. Handelt es sich darum, die morphologische Gestaltung eines Organes oder eines ganzen Tieres festzustellen, die weder mit dem blofsen Auge ohne weiteres, noch nach vorhergegangener Präparation mittels Messer, Schere und Pinzette vollständig klar erkannt werden kann, so ist es notwendig, das erhärtete Objekt möglichst ohne Verlust in zahlreiche Schnitte zu zerlegen. Man kann dann durch Vergleichung der Schnitte miteinander und durch Kombination der dabei erhaltenen Resultate den Zusammenhang der einzelnen Organe bez. Organteile und ihre gegenseitige Lagerung erschliefsen und so das, was man absichtlich zerstört hat, im Geiste neu und lebendiger wieder aufbauen. Einen derartigen Gang der Untersuchung verfolgen z. B. alle die Beobachter, welche den Faserverlauf der Nerven im Gehirn oder die Ontogenie einer Tierform erforschen wollen. Es ist nämlich unmöglich beim Gehirn alle die zu einem Nerven gehörigen, die verschiedenen Hirnteile durchziehenden Nervenfaserbündel mittels blofser Präparation zur Anschauung zu bringen. Dazu sind die Bündel zu zart und zu sehr durchkreuzt von anderen zu anderen Nerven gehörenden. Und es ist ferner unmöglich, die Anlage der einzelnen Organe und die Zusammengehörigkeit derselben namentlich in den frühen Stadien embryonaler Entwicklung ohne weiteres zu erkennen; daran hindert die Kleinheit und leichte Vergänglichkeit der Objekte. Die Untersuchung hat daher den oben erwähnten Weg zu gehen.

Handelt es sich aber nicht blofs um morphologische Erkenntnis, ist vielmehr der Zweck der Untersuchung der, die feinere Zusammensetzung eines Organes und die intimere Struktur der Zellen desselben festzustellen, so genügt es keineswegs, das vorher gehärtete Material in eine Anzahl Schnitte zu zerlegen, sondern man mufs zu dieser Methode noch solche hinzufügen, welche es ermöglichen, die einzelnen Elementarteile des Organes in frischem oder möglichst frischem Zustande und aufserdem isoliert von einander zu betrachten. Während es selten möglich ist, im Schnitt, zu Folge der Einwirkung der erhärtenden Reagentien, die einzelnen, ein Organ charakterisierenden Elementarteile in ihrer natürlichen Form zu sehen, ist es das Bestreben bei der Isolation, diese natürliche Form zu erhalten, und ferner wird beabsichtigt, die Verbindung mancher Teile, die der Schnitt meist zerstört, z. B. das Übergehen einer Nervenfaser in ihre terminale Zelle, sichtbar zu machen. Gelungen ist eine Isolation zu nennen, nach welcher beiden Anforderungen Genüge geschehen ist.

Durch die dem Anfertigen eines Schnittes voraufgehende Behandlung eines Organes, das Schnittfertigmachen oder die Härtung desselben, werden Verhältnisse geschaffen, die von denen vielfach verschieden sind, welche sich während des Lebens in dem betreffenden Organe finden. Durch die Untersuchung an frischem Material kann eine Kontrole des Schnittbildes ermöglicht, es kann erforscht werden, ob durch die Härtung die einzelnen Organteile Veränderungen in ihrem natürlichen Aussehen erlitten haben, und wenn dies der Fall, in welchem Grade sich im Schnitte diese Veränderungen dokumentieren und nach welcher Richtung sie sich erstrecken. Diese Methoden ergänzen einander also, und man sollte nie eine Untersuchung, bei der es sich um *feinere histiologische* Details handelt, als abgeschlossen betrachten, wenn man den geschilderten Weg der Untersuchung nicht vollständig gegangen ist.

I. Abschnitt. Die Methoden der Untersuchung.

Die Beobachtung *frischer Gewebe oder Organe* kann man so vornehmen, dafs man mit einer feinen gebogenen Schere ein kleines Stückchen des zu untersuchenden Objektes abschneidet und in humor aqueus oder sogenannter „physiologischer" Kochsalzlösung (0.75%) entweder in toto oder leicht zerzupft unter das Mikroskop bringt. Oder man schneidet das frische Organ an, wie es bei allen denen zweckmäfsig ist, die sehr zellenreich, kompakt sind, streift den hervorquellenden Inhalt auf den Objektträger und deckt nach mäfsigem Zerzupfen ohne weiteren Zusatz oder nach Beigabe eines Tropfens der oben erwähnten indifferenten Flüssigkeiten mit einem Deckgläschen ein.*) Eine dritte, namentlich von pathologischen Anatomen vielfach geübte Methode besteht darin, dafs man mit einem VALENTIN'schen Doppelmesser einen möglichst feinen Schnitt durch das Organ macht, und denselben in einer indifferenten Flüssigkeit untersucht. Man hat dabei den Vorteil, dafs man eine gröfsere Partie des Organes übersehen kann, als dies möglich ist, wenn man nur einen kleinen Bruchteil desselben mit der Schere abgetragen hat. Oder endlich man untersucht das Gewebe oder Organ am lebenden, durch Curare, Morphium, Chloroform, Chloral etc. vorher unbeweglich gemachten Tiere.

So wichtig nun auch diese Methoden mikroskopischer Betrachtung sind — und sie sollten niemals versäumt werden —, so kann man durch dieselben doch nur zu provisorischen, nie zu definitiven Resultaten gelangen. Die einzelnen Teile, welche ein Organ zusammensetzen, haften in natürlichem Zustande zu fest aneinander, als dafs sie sich so leicht isolieren liefsen, bez. sind die durch das Doppelmesser angefertigten Schnitte infolge der Elastizität der frischen Gebilde nicht dünn oder die einzelnen Schichten des lebenden Organes nicht durchsichtig genug, um alle Details zu enthüllen.

---

*) Wasser, destilliertes und gewöhnliches, wirkt auf frische Gebilde höchst deletär ein.

In neuerer Zeit sind frische Gewebe oder Organe häufig untersucht worden, nachdem man sie hat *gefrieren* lassen. Man benutzt dazu eines der gebräuchlichen Mikrotome. Das frische Material wird auf eine rauhe Metallplatte gelegt und durch Einwirkung von Ätherdämpfen, die mit einem Spray auf dasselbe gerichtet werden, zum Gefrieren gebracht. Mit abgekühltem Messer fertigt man dann möglichst feine Schnitte an, die man auf dem Objektträger auftauen läfst und dann in einer indifferenten Flüssigkeit oder nach geeigneter Färbung in verdünntem Glycerin untersucht. Diese Methode ist indessen ziemlich eingreifend, da die beim Gefrieren entstehenden Eiskrystalle häufig Zerstörungen ausgedehnter Art in den Zellen hervorrufen.

Um zunächst eine ausgiebige Isolation zu ermöglichen, mufs man verschiedene Reagentien anwenden, die im folgenden Kapitel aufgezählt werden sollen.

Kap. I. Die Methoden der Isolation.

Als allgemeine, nur mit einer Ausnahme giltige Regel ist anzusehen, dafs Organe oder Gewebe, die der Einwirkung die Isolation ermöglichender Reagentien unterworfen werden sollen, stets frisch, noch körperwarm sein müssen. Sind diese Bedingungen nicht erfüllt, ist z. B. bei Warmblütern bereits vollständige Abkühlung eingetreten oder hat bei anderen Tierformen die Tödtung längere Zeit vor der zu beginnenden Untersuchung stattgefunden, so ist eine befriedigende, gute Resultate ergebende mikroskopische Bearbeitung nicht mehr möglich. Denn nun ist bereits der Zelltod eingetreten und es haben kadaveröse Veränderungen in den Zellen Platz gegriffen, so dafs eine Erkennung der wirklich intra vitam vorhandenen Verhältnisse ausgeschlossen ist. Eine Verwertung der durch Untersuchung solcher abgestorbener Organe erhaltenen Resultate würde zu den bedenklichsten Irrtümern hinführen.

Eine einzige Ausnahme ist hier zuzugeben, nämlich wenn es sich um menschliche Organe handelt. Diese kommen naturgemäfs fast niemals frisch in den Besitz des Forschers; zur richtigen Würdigung der an solchen Objekten gewonnenen Resultate wird man daher stets eine Vergleichung mit ähnlichen, von höheren Säugetieren entnommenen Organen anstellen müssen.

Eine fernere, stets zu beachtende Regel, gegen welche Anfänger häufig verstofsen, ist die, dafs das zur Isolation vorzubereitende Stück und das Quantum der Isolationsflüssigkeit in geradem Verhältnisse zu einander stehen. D. h. bei kleinen Objekten mufs wenig, bei grofsen entsprechend viel Flüssigkeit genommen werden. Tut man das nicht, nimmt man z. B. bei kleinen Objekten viel Flüssigkeit, so bekommt man Härtung statt Mazeration.

Ist die Vorbereitung zur Isolation beendet, hat die betreffende Flüssigkeit lange genug eingewirkt, dann nimmt man entweder das ganze Objekt oder ein Stückchen desselben heraus und bringt es in nur einen Tropfen der verwendeten Flüssigkeit oder in einen Tropfen Wasser auf den Objektträger. Zu viel Flüssigkeit hier schadet, weil dann das aufgelegte Deckglas schwimmt und Strömungen unter demselben entstehen, welche die isolierten Elemente mit sich fortreifsen. Die Isolation, das Zerzupfen geschieht mit feinen, in besonderen

Haltern steckenden Nähnadeln. Das zu zerzupfende Objekt mufs, wie gesagt, möglichst klein sein; es wird mit der einen Nadel festgehalten, während die andere in schneller Aufeinanderfolge mit kurzen Zügen an seinem Rande zerrt und dadurch die Teile aus ihrer gegenseitigen Lagerung löst. Hat man ein Gebilde von fasriger Struktur vor sich, so zieht man dasselbe mit beiden Nadeln sorgfältig auseinander. Auch hier darf die Gröfse nicht zu beträchtlich sein, ungefähr 2 mm. nicht übersteigen, sonst ist eine ausgiebige Zerteilung nicht möglich.

Von grofsem Einflufs auf die Isolation, sowohl was die Zeitdauer, nach welcher, als auch den Grad anlangt, in welchem dieselbe möglich ist, ist die Temperatur. Im heifsen Sommer ist zuweilen schon nach kurzer, nur wenige Stunden dauernder Einwirkung des Reagens eine gute Resultate liefernde Zerzupfung ausführbar, während in der kalten Jahreszeit bei demselben Objekt und derselben Flüssigkeit oft Tage erforderlich sind.

Um auf Zupfpräparate, namentlich wenn dieselben von sehr zarten Objekten angefertigt worden sind, das System des Mikroskops gut einstellen zu können, empfiehlt es sich, in das Präparat ein Haar oder eine feine Wollfaser zu bringen. Diese sucht man zuerst im mikroskopischen Bilde zu erfassen und kann dann bequem die isolierten Elemente auffinden. Andernfalls, wenn man ein solches Hilfsmittel nicht gebraucht, kann man den Tubus leicht zu tief senken und dabei Linse und Präparat zerstören.

Ich wende mich nun zu den einzelnen Isolationsflüssigkeiten.

Die oberste Stufe nehmen unter denselben meines Erachtens die Verdünnungen des Alkohols, der Chromsäure und deren Salze ein.

1) $^1/_3$ **Alkohol; Ranvier** (Alcool au tiers.). Man verdünnt 1 Volumen $90^0/_0$ Alkohol mit 2 Volumina destillierten Wassers. Die sehr kleinen Objekte kommen in die Flüssigkeit auf 24 Stunden und länger. Nach drei Tagen, wenn eine genügende Isolationsfähigkeit noch nicht vorhanden, mufs die Flüssigkeit gewechselt werden, weil sonst Fäulnis eintritt. Ist ganz vorzüglich für *Epithelien* und *Drüsenzellen*.

2) $^1/_6$ **Alkohol; Solbrig.** Man verdünnt 1 Teil käuflichen Weingeistes mit 5 Teilen destillierten Wassers. Schon nach 24 Stunden ist eine ausgiebige Isolation möglich. Besonders für das *Nervensystem wirbelloser Tiere* zu empfehlen.

3) $^1/_4$ **Alkohol.** Man verdünnt 1 Teil Alcohol absolutus mit 3 Teilen Aqua destillata. Ich habe diese Konzentration als ganz ausgezeichnet bei meinen Untersuchungen über das centrale Nervensystem der Muscheln befunden. Noch nach 4—5 Wochen, d. h. wenn die Ganglien solange in der etwa alle 5—6 Tage gewechselten Flüssigkeit maceriert wurden, waren die Teile ausgezeichnet erhalten. Die Isolation ist schon nach 48 Stunden möglich. Ich kann für das Studium des *Nervensystems der Evertebraten* diesen $^1/_4$ Alkohol angelegentlichst empfehlen. Er ist auch für Isolation von *Epithelien* geeignet.

4) **Chromsäure.** Wie der Alkohol, so bewirkt auch die Chromsäure in starken Verdünnungen leichte Isolation. Der Grad der Verdünnung richtet sich nach dem Objekt, um das es sich handelt. Je zellenreicher, d. h. je kompakter dasselbe ist, desto stärker mufs die Verdünnung, je zarter dasselbe, desto konzentrierter mufs die Säure sein; die Schwankung findet zwischen $0{,}1^0/_0$ und $0{,}005^0/_0$ statt. Be-

stimmte Konzentrationen lassen sich daher allgemein nicht angeben, jeder Forscher mufs den für seine Zwecke geeigneten Verdünnungsgrad sich selber ausprobieren.

5) BUCHHOLZ'sche Methode. Dieser Forscher hat zur Isolation von *Ganglienzellen bei Evertebraten* zunächst eine Lösung von $0,01\%$ Chromsäure 24—48 Stunden einwirken lassen, dann eine solche von $0,05\%$ $\frac{1}{2}$—1 Stunde und erweichte schliefslich in indifferenter Flüssigkeit. Seine Resultate waren ausgezeichnet.

6) ARNOLD'sche Methode. Diese ganz vortreffliche Methode ist namentlich für *Spinal-* und *sympathische Ganglien* verwendbar, sowie für alle die Organe, deren zellige Elemente in vieler Bindesubstanz eingebettet sind. Man legt das Objekt auf 5—10 Minuten in eine $0,1\%$ Essigsäure, dann direkt für 24—48 Stunden in $0,01\%$ Chromsäure. Die Isolation ist jetzt sehr leicht. Man kann in Pikrokarmin oder in $0,1\%$ Goldchloridlösung nachfärben. Namentlich mit letzterer (Reduktion in angesäuertem Wasser im Tageslicht) erhält man sehr schöne Bilder. Zerzupfen in verdünntem Glycerin.

7) $0,01\%$—$0,05\%$ Chromsäure. Organe, welche *glatte Muskelfasern* enthalten, kommen auf 24—48 Stunden in die Lösung. Darnach ist eine ausgiebige Isolation der Muskeln möglich.

Besser als die Chromsäure, weil konstanter und leichter kontrolierbar in ihren Wirkungen sind die doppelt chromsauren Salze, das Ammonium bichromicum und namentlich das Kali bichromicum.

8) Ammonium bichromicum $0,025\%$—$0,1\%$. Zur Isolation von *Epithelzellen* bei *Evertebraten* geeignet, für Ganglienzellen nicht zu empfehlen.

9) Kali bichromicum $0,1\%$. Von DEITERS zur Isolation der *Vorderhornzellen des Rückenmarks* und der *Hirschgeweihzellen des Cerebellum* mit Recht sehr empfohlen. Nach dem zweiten Tage führt die Zerzupfung zu guten Resultaten. Auch für *Nervenzellen von Evertebraten* kann ich diese Konzentration rühmen, doch kommt man hier mit Verdünnungen von $0,05\%$ und $0,025\%$ bei 8—24 stündiger Einwirkung ebenfalls zum Ziele. Nachfärben in Pikrokarmin und dann Zerzupfen in verdünntem Glycerin.

10) Kali bichromicum $0,01\%$—$0,005\%$. DEITERS verwandte diese Verdünnung, um die *allerfeinsten Axencylinder*, die von den Protoplasmafortsätzen entspringen, deutlich darstellen zu können. Die Dauer der Einwirkung ist durch wiederholtes Probieren festzustellen. Sind mehrere Tage notwendig, ehe eine Isolation möglich ist, so ist die Flüssigkeit zu wechseln.

11) Kali bichromicum 4%—5%. Von FLEMMING zur Isolation von *Epithelien* indifferenten Charakters und von *Sinneszellen* für *Süfswassermuscheln* verwendet. Die Wirkung tritt frühestens nach einer Woche ein; eine Zerzupfung ist nicht mehr notwendig. Durch Klopfen mit der Nadel auf das Präparat, das in der Isolierungsflüssigkeit untersucht wird, fallen die indifferenten Epithelien ab und die Sinneszellen treten deutlich erkennbar hervor.

Die Osmiumsäure, welche ein vorzügliches Fixirungsmittel ist, ermöglicht auch ausgezeichnete Isolationen.

12) **0,1% Osmiumsäure.** Dauer der Einwirkung bis zu 24 Stunden, Abspülen in Wasser, Zerzupfen in verdünntem Glycerin oder in 50% Lösung von essigsaurem Kali. Für die *verschiedensten Organe*, besonders epitheliale, geeignet.

13) **1% Osmiumsäure.** *Nerven* von Wirbeltieren werden nach NEUMANN einer 24 stündigen Einwirkung dieses Reagens unterworfen, kommen dann auf 24—48 Stunden in destilliertes Wasser. Jetzt ist eine leichte Isolation möglich.

14) **0,05% Osmiumsäure und 0,2% Essigsäure;** HERTWIG (citiert nach BEHRENS), werden zu gleichen Teilen gemischt. Verwendbar für *Actinien;* die Dauer der Einwirkung ist einige Minuten.

15) **DROST'sches Gemisch.** 0,25% Chromsäure, 0,1% Osmiumsäure, Eisessig 0,1% in Seewasser. Zur Isolation von *Epithelien niederer Tiere* nach mehrtägigem Verweilen des Objektes in dem Gemisch sehr geeignet. Verwendet man statt See- destilliertes Wasser, so kann man auch bei Wirbeltieren gute Resultate erzielen.

16) **Verdünnte Pikrinsäurelösung.** 5—10 Tropfen der kaltgesättigten Lösung auf 15 Kubikzentimeter destillierten Wassers. Nach 12—24 Stunden erhält man vom *Nervensystem wirbelloser Tiere* vorzügliche Präparate. Bei kürzerer Einwirkungsdauer (4—8 Stunden) erhält man sehr gute Isolationen von *Epithel- und Drüsenzellen.* Die Zerzupfung geschieht in destilliertem Wasser.

17) **Jodserum; MAX SCHULTZE.** Man vermischt die Amniosflüssigkeit von Wiederkäuerembryonen mit sehr viel Jodtinktur und filtriert. Zur Verhütung der leicht eintretenden Fäulnis giebt man einige Stückchen Kampher zu. Dieses Gemisch, das oft schon nach 24 Stunden, unter Umständen aber, die in dem zu untersuchenden Objekte liegen, auch erst nach Wochen wirkt, ist ein ausgezeichnetes Isolationsmittel für *verschiedenartigste Organe.*

18) **Kalt gesättigte wässrige Oxalsäurelösung.** Meines Wissens wurde die Oxalsäure zuerst von MAX SCHULTZE empfohlen, dann in ausgiebigster Weise von BOLL angewendet. Sie ist ein vorzügliches Isolationsmittel für *Epithel- und Drüsenzellen.* Nach 12—24 stündiger Einwirkung werden die Objekte in destilliertem Wasser abgespült und in demselben mit Nadeln zerzupft.

19) **HALLER'sches Gemisch.** Bei *Mollusken* verwendete BÉLA HALLER zur Isolation von *Sinneszellen* folgende Mischung: 1,2 Raumteile Aqua destillata, 0,4 Raumteile Glycerin und 0,4 Raumteile konzentrierter Essigsäure. Schon nach halbstündiger Einwirkung erhielt er brauchbare Präparate. Vielleicht auch für Vertebraten (Schmeckbecher) geeignet.

20) **20% Salpetersäure.** Von REICHERT (citiert nach FREY) zur Isolation der *glatten Muskeln* angegeben. Nach 24 Stunden zerlegen sich die Bündel derselben in die kontraktilen Faserzellen, nach circa 3 Tagen fallen sie bei leichtem Schütteln auseinander.

21) **Chlorsaures Kali mit Salpetersäure.** Diese Methode wurde von KÜHNE (citiert nach FREY) zur Isolation der *quergestreiften Muskeln* angegeben. Man bedeckt den Boden eines Becherglases mit krystallisiertem Kali chloricum, befeuchtet ein wenig mit destilliertem Wasser

und übergießt mit dem vierfachen Volumen reiner konzentrierter Salpetersäure. Nun rührt man um, bringt einen Muskel, z. B. Froschmuskel, auf den Boden des Glases unter die Krystalle. Meistens schon nach einer halben Stunde kann man ihn entfernen und in einem Reagensglase mit Wasser schütteln. Er zerfällt dann leicht in seine Fibrillen. Tritt der Zerfall noch nicht ein, so bringt man ihn in das Gemisch zurück und kann von 5 zu 5 Minuten von neuem das Schütteln vornehmen.

22) **Schweflige Säure**, von SANDMANN zur Isolation *quergestreifter Muskeln* empfohlen. Man bringt den Muskel in ein wohlverkorktes Reagensglas mit schwefliger Säure (SO_2), je nach der Größe und dem Bindegewebsreichtum auf 1—8 Tage. Ist der Muskel zu voluminös, so zerteilt man ihn in passende Streifen parallel seiner Faserung. Nach der Behandlung mit schwefliger Säure wird der Muskel sorgfältig ausgewaschen, und zwar in destilliertem Wasser, dann 3—4 mal, wobei jedesmal das Wasser zu erneuern ist, in destilliertem Wasser gekocht. Nach der Abkühlung schüttelt man ihn im Reagensglase tüchtig und nun zerfällt er in seine Fibrillen. Färbung mit Goldchlorid ist jetzt noch möglich. Man giebt in 10 ccm. Aqua destillata 1—3 Tropfen einer 1 °/₀ Goldchloridlösung, läßt den Muskel darin, bis eine gelbe Färbung eintritt, wäscht aus und kocht von neuem in Wasser, das mit einem bis mehreren Tropfen Essigsäure angesäuert ist. Die Nervenendigungen sind trotz dieser eingreifenden Manipulation noch erhalten.

23) **Reine Salzsäure** (citiert nach STÖHR). Um *Drüsenkanälchen* zu isolieren, legt man kleine Stücke des betreffenden Organes in etwa 10 ccm. reiner Salzsäure. Nach 10—20 Stunden Einwirkung wird in destilliertem, häufig zu wechselndem Wasser 24 Stunden lang ausgewaschen. Leichte Isolation. Untersuchung in verdünntem Glycerin.

Als eine Art Isolation kann man auch die HIS'sche Pinselmethode und die Methode des Schüttelns von Schnitten betrachten.

24) Bei der **HIS'schen Pinselmethode** behandelt man mit einem feinen Kameelhaarpinsel den vom gehärteten Objekt gemachten Schnitt, der am besten in einem Tropfen Wasser auf dem Objektträger sich befindet. Man führt den Pinsel senkrecht über den an einer Seite mit einer Nadel festgehaltenen Schnitt in sanfter Bewegung hinweg, entfernt so alle Zellen und isoliert dadurch die bindegewebige Grundsubstanz.

24a) Eine Modifikation dieser Methode ist die **Schüttelmethode**. Den vom gehärteten Objekte gemachten Schnitt bringt man in ein Reagensglas mit Wasser und schüttelt tüchtig und anhaltend. So entfernt man schonender als bei der vorigen Prozedur die zelligen, das Organ charakterisierenden Gebilde und isoliert die Grundsubstanz.

Beide Methoden sind hauptsächlich bei den Organen verwendbar, bei denen die den physiologischen Wert bedingenden zelligen Elemente in einem bindegewebigen Stroma liegen, also bei allen echten Drüsen, allen Blutgefäßdrüsen etc.

25) Die **KÜHNE'sche Verdauungsmethode**. Als eine Art Isolation ist ferner folgende, zuerst von KÜHNE und EWALD angewandte Behandlungsweise der Objekte zu betrachten (citiert nach ORTH). Dieselbe besteht in der Verwendung des Pankreasfermentes, des

Trypsins. Man stellt sich dasselbe dadurch her, dafs das Pankreas eines eben geschlachteten Rindes mittelst kalten Alkohols und Äthers im Extraktionsapparate so lange behandelt wird, dafs eine weifse, leicht zu zerreibende Masse zurückbleibt. Ein Gewichtsteil derselben wird mit 3—10 Gewichtsteilen Salicylsäure von 0.1 $^0/_0$ 3—4 Stunden bei 40° C. behandelt, dann wird durch Leinwand und nach dem Erkalten durch Papier filtriert. Man bringt in ein mit der so erhaltenen Flüssigkeit gefülltes Reagensglas Organteile und setzt dieselben mehrere Tage einer Temperatur von 37,5° C. im Brütofen aus. Dann werden die Objekte in einem Reagensglase mit Wasser tüchtig geschüttelt und in physiologischer Kochsalzlösung (0,75 $^0/_0$) untersucht. Statt der sauren Lösung ist unter Umständen eine alkalische erwünscht. Dieselbe wird so hergestellt, dafs man die saure Lösung mit Soda erst neutralisiert, dann alkalisch macht. Solche alkalische Lösung schimmelt leicht und wird dadurch unbrauchbar; man setzt daher, um dies zu verhüten, soviel von einer alkoholischen 20 $^0/_0$ Thymollösung zu, dafs die Mischung 0.5 $^0/_0$ Thymol enthält.

So rationell die eben beschriebene Methode erscheint, so sind doch die bisher damit erzielten Resultate recht wenig Vertrauen erweckend und reizen nicht gerade zur Nachahmung.

Kap. II. Die Methoden der Fixierung und Erhärtung.

Durch die Isolation werden die ein Organ oder Gewebe konstituierenden Elemente unter möglichster Erhaltung ihrer natürlichen Gestalt getrennt von einander zur Erscheinung gebracht, ihr Zusammenhang und ihre gegenseitige Gruppierung also absichtlich zerstört. Man kann demnach niemals den Bau eines Organes oder Gewebes blofs durch die Isolation erkennen. Dazu kommt noch ein Moment. Die im vorhergehenden Kapitel aufgezählten Methoden müssen, sollen sie anders eine Wirkung entfalten, mehr oder minder deletär auf das zu untersuchende Objekt einwirken, sie müssen daher auch die feineren Strukturen der Zellsubstanz und des Kernes zerstören. Um also den inneren Aufbau eines Organes und die feinere Struktur der Elemente desselben zu erforschen, mufs man nunmehr zu anderen Methoden greifen, zumal auch, wie bereits auseinandergesetzt, Präparate von frischen Objekten keinen *definitiven* Aufschlufs gewähren können.

Diese Methoden sind die der *Fixierung* und *Erhärtung*. So leicht der letztere Zweck, das *Schnittfertigmachen*, zu erreichen ist, so schwer sind die Forderungen zu erfüllen, welche man in ersterer Absicht an eine Methode stellen mufs; wir haben in der That kein Fixierungsmittel, welches *allen* idealen Ansprüchen Genüge leistet.

Die beim *Fixieren* verfolgte Absicht ist einmal, das Plasma der Zellen und Gewebe zur sofortigen Gerinnung zu bringen. Und zweitens soll diese gerinnende Eigenschaft gleichzeitig durch alle Schichten, durch den ganzen Dickendurchmesser des zu fixierenden Objektes hindurch sich entfalten. Dieser Anspruch ist darum nicht vollständig erfüllbar, weil jedes fixierende Reagens eben durch die von ihm bewirkte Gerinnung sich zunächst seine Grenzen selbst setzt, über die es erst allmählich hinausdringen kann. Dies ist namentlich der Fall bei zellenreichen, kompakten Organen. Die Folge davon ist, dafs die im Zentrum des Objektes sich findenden Teile erst sehr viel später dem Einflufs des Reagens unterworfen werden, als die an den Grenzen liegenden, dafs im Zentrum daher bereits Veränderungen eingetreten sein *können*, die von der Norm bedeutend abweichen.

Aus dieser Betrachtung heraus ergiebt sich demnach *die Hauptregel*, die in erster Linie zu beobachten ist, dafs das zu fixierende Objekt möglichst klein sein (sein Volumen darf etwa 1 ccm. nicht übersteigen) und dafs die zum Fixieren verwandte Flüssigkeit sehr reichlich vorhanden sein, das 50—100 fache des Volumen des Objektes betragen mufs. Quantität der Flüssigkeit und Dauer ihrer Einwirkung werden sich stets nach dem Objekte richten; bei zarten, leicht permeablen Gebilden werden also beide geringer, bei kompakten, zellenreichen beide gröfser sein müssen. Dabei ist stets darauf zu halten, dafs die Fixierungsflüssigkeit während der Dauer ihrer Einwirkung klar bleibt. Tritt Trübung ein, so ist ein Flüssigkeitswechsel vorzunehmen, der so lange zu wiederholen ist, bis keine Trübung mehr sich zeigt.

Die Anforderung, dafs das zu fixierende Objekt möglichst klein gewählt werden soll, kann natürlich nicht erfüllt werden, wo es sich um die morphologische Untersuchung von Embryonen, von Gehirnen oder von ganzen Tieren handelt. Bei den ersteren Objekten wird eine absichtliche Zerkleinerung erst dann Platz greifen dürfen, wenn die Entwickelung so weit gediehen ist, dafs die Lagebeziehungen der einzelnen Teile zu einander durch Präparation mit Messer und Pinzette klar erkannt werden können. Solange dies nicht der Fall ist, werden die Embryonen unversehrt in die Fixierungsflüssigkeit kommen müssen. Indessen sind die Gewebe in frühen embryonalen Stadien im allgemeinen sehr leicht permeabel, so dafs die Gröfse hier nicht von beträchtlichem Nachteil ist. Anders liegt die Situation bei Gehirnen. Ist man gezwungen, dieselben in toto zu fixieren, so mufs man unter allen Umständen auf Gewinnung feinerer histologischer Details Verzicht leisten.

Ferner ist bei jeder Fixierung in Betracht zu ziehen, dafs die angewandten Reagentien in mehr oder minder hohem Grade als Reize auf die Objekte wirken. Daher kontrahieren sich muskelreiche Organe oder Tiere, welch letztere bei zoologischen Untersuchungen oft in toto der Einwirkung der Fixierungsflüssigkeit unterworfen werden müssen, bisweilen derart, dafs eine vollständige Verzerrung der äufseren Form und damit auch eine Verlagerung der inneren Teile stattfindet, wodurch selbstverständlich eine mikroskopische Analyse unmöglich gemacht wird. Um muskelreiche Organe oder Gewebe in möglichst ausgestrecktem Zustande fixieren zu können, befestigt man dieselben daher am besten mit Igelstacheln oder mit zugespitzten hölzernen Schusternägeln auf einem Stückchen Kork und wirft dasselbe, das befestigte Objekt nach unten, in das Reagens. Ganz zu fixierende Tiere müssen vorher unbeweglich gemacht, gelähmt oder langsam abgetödtet werden. Welches Mittel dafür verwendbar ist, richtet sich nach der Species, häufig auch nach dem Individuum. Chloral-, Morphiumlösungen, in welche die betreffenden Tiere übergeführt werden können, Chloroform, in das Wasser gebracht, in dem die Tiere sich befinden, Curareeinspritzungen etc. sind hier manchmal von Vorteil. Indessen lassen sich dafür keine bestimmten Regeln erteilen; mit Geduld ausgerüstet mufs sich Jeder das für seine Zwecke geeignete Verfahren ausprüfen.

In folgendem werden eine gröfsere Anzahl Fixierungsmethoden aufgezählt werden. Da mag denn wohl der Anfänger und weniger Geübte fragen: welches der empfohlenen Fixierungsmittel soll ich gegebenen Falls anwenden? Meine Antwort würde lauten: alle die, welche sich bewährt haben und welche der Erfüllung der oben erwähnten idealen Forderungen am nächsten kommen. Ich pflege stets eine gröfsere Zahl von Fixierungsmitteln für dasselbe Objekt zu benutzen, weil die verschiedenen verschieden einwirken. Das eine ist geeigneter für Plasmastrukturen, das andere geeigneter für Kernstrukturen, jenes erschwert die Anwendung einer Anzahl Farbstoffe, während dieses dieselbe erleichtert; und umgekehrt. Zu einem richtigen histologischen Verständnis eines Organes oder Gewebes kann man meines Erachtens erst dann gelangen, wenn man verschiedene Methoden vergleichend anwendet.

Auf die Fixierung folgt die *Erhärtung*. Diese nimmt man unter bestimmten, bei den einzelnen Methoden anzugebenden Ausnahmen stets so vor, dafs das Objekt zunächst in 70 %, dann in 80 %, endlich in 90 % Alkohol gebracht wird. Soll das Objekt längere Zeit aufbewahrt bleiben, ehe es zur Untersuchung gelangt, so geschieht dies am besten in 80 % oder 90 % Alkohol; 70 % Alkohol, den einige Forscher vielfach anwenden, wirkt auf die Dauer zerstörend ein. Aus dem 90 % kommt das Objekt, wenn es für das Schneiden vorbereitet werden soll, in 96 %, dann in absoluten Alkohol. Die weitere Behandlung wird in Kap. III auseinandergesetzt werden.

Bei der Überführung der Objekte aus dem fixierenden in das erhärtende Reagens entfaltet der Anfänger häufig eine Sparsamkeit im Gebrauch des Alkohols, die ganz deplaciert ist. Dieselbe Regel, die bei der Fixierung gilt, die Anwendung grofser Flüssigkeitsquantitäten, greift auch hier Platz. Besonders deshalb, weil durch den Austausch des in den Geweben enthaltenen Wassers mit Alkohol letzterer in seiner Konzentration kontinuierlich geändert wird und schon nach kurzer Einwirkungsdauer keineswegs mehr erhärtende, sondern, wie alle dünnen Alkohole, häufig mazerierende Eigenschaften entwickeln kann. Also: viel Alkohol und, was aus den obigen Gründen als selbstverständlich erscheint, häufiger Wechsel desselben, bis die Härtung beendet ist.

Das alles, Fixieren wie Härten, wie überhaupt alle zur Vorbereitung für die endliche mikroskopische Untersuchung notwendigen Methoden kosten Zeit und Aufmerksamkeit; und wer die letztere nicht anwenden kann und die erstere nicht übrig hat, der tut besser, von mikroskopischen Arbeiten abzustehen. Verwendet man aber beide in ausgiebigem Mafse, dann wird man auch durch gute, wissenschaftliche Resultate ergebende Präparate entschädigt.

Ich wende mich nun zur Beschreibung der einzelnen Methoden.

1) Alkohol absolutus. Man stellt sich denselben am besten selber dar, indem man Cuprum sulfuricum im Metalltiegel glüht, wodurch es zu einem weifsen, äufserst hygroskopischen Pulver wird. Dieses bringt man in *grofser* Quantität in eine Flasche und giefst 96 % Alkohol hinzu. Das geglühte Kupfer nimmt dem Alkohl den Rest Wasser und wird dadurch grünlich. Die Alkohol-Flasche ist mit einem Korkstöpsel zu versehen, da die eingeschliffenen Glasstöpsel niemals luftdicht schliefsen. Vor dem Gebrauch ist der Alkohol durch ein doppeltes Faltenfilter zu giefsen, da sonst ganz kleine Kupferpartikel mit dem zu härtenden Gewebe in Berührung kommen und eine leichte Bläuung desselben hervorrufen können. Zur Fixierung ohne andere Reagentien darf man nur den *absoluten* Alkohol verwenden. Die Wasser entziehende Wirkung desselben tritt gegen die das Eiweifs zur Gerinnung bringende zurück, während bei Alkohol von geringerer Konzentration die erstere überwiegt. Letzterer verursacht daher ohne Anwendung von fixierenden Reagentien hochgradige Schrumpfungen. Im Alkohol absolutus bleiben die Objekte etwa 3 Tage, wobei der Alkohol mindestens täglich zu wechseln ist. Sollen sie nicht sofort verwandt werden, so sind sie nach 3 Tagen in 90 $^0/_0$ Alkohol zu übertragen, weil sie andernfalls zu hart werden würden.

Im allgemeinen ist der Alkohol kein sehr empfehlenswertes Mittel; er steht meines Erachtens jedem der später zu erwähnenden Reagentien entschieden nach, sowohl was die Erhaltung der Teile, wie ihre Färbbarkeit anlangt; in Alkohol fixierte Objekte nehmen z. B. Karmin sehr schlecht an. Nur für die grofsen Verdauungsdrüsen der Wirbeltiere und für pathologisch-anatomisches Material ist er von einigem Vorteil.

2) **Alkohol-Eisessig.** Diese Methode wurde zuerst von E. van BENEDEN zur Abtötung und Fixierung der *Eier von Ascaris megalocephala* verwendet. Die in den folgenden Zeilen notierte Modifikation derselben ist von Zacharias beschrieben. Zu 4 Raumteilen starken Alkohols wird 1 Raumteil Eisessig gesetzt; dann werden auf je 10 ccm. dieser Mischung 2—3 Tropfen einer 1 $^0/_0$ Osmiumsäurelösung hinzugefügt. Je nach den zu fixierenden Stadien mufs das Material verschieden lange in der Mischung bleiben, bis zu 20—25 Minuten. Beim Erwärmen auf 24^0 C. genügen 10—15 Minuten. Dann werden die Objekte 2—3 Stunden lang in absolutem Alkohol gewaschen und in 70 $^0/_0$ Alkohol aufbewahrt. Färbung mit alkoholischer Boraxkarminlösung (siehe Kap. V).

3) **Chromsäure** $^1/_3$ $^0/_0$ — 1 $^0/_0$. Dieses Mittel ist zur Fixierung namentlich von *Kernstrukturen* ausgezeichnet. Man fängt im allgemeinen mit der schwachen Lösung ($^1/_3$ $^0/_0$) an und steigt dann allmählich bis 1 $^0/_0$. Häufig genügt ein 24 Stunden langes Einlegen des natürlich sehr kleinen Objektes, denn die Chromsäure dringt schwer ein, in die $^1/_3$ $^0/_0$ Lösung. Nachher mufs man sorgfältig in destilliertem Wasser auswaschen, weil sonst mit dem Alkohol, der zur Nachhärtung verwendet wird, Niederschläge entstehen. Die Härtung in Alkohol mufs allmählich durch successive Anwendung der oben erwähnten Konzentrationsstufen erfolgen. Der einzige Nachteil des Reagens besteht darin, dafs das Färbungsvermögen der einzelnen Gebilde durch das Chrom leidet. Für alle Organe verwendbar.

4) **Chromameisensäure**; RABL. Zu 200 ccm. einer $^1/_3$ $^0/_0$ Chromsäure kommen 4—5 Tropfen konzentrierter Ameisensäure. Diese Mischung ist jedesmal vor dem Gebrauche frisch zu bereiten. Die Objekte werden in kleinen Stücken auf 12—24 Stunden in die Lösung gebracht, dann in destilliertem Wasser gut ausgewaschen und langsam erhärtet. RABL hat damit beim Studium von *Zellteilungen* ausgezeichnete Resultate erhalten.

5) **Chromessigsäure**; SEMPER. Zu der etwa $1/5$ % Chromsäurelösung wird so viel Essigsäure zugesetzt, dafs die umgeschüttelte Mischung schwach säuerlich riecht. Nach verschieden langer Einwirkungsdauer werden die Objekte in Wasser ausgewaschen und langsam in Alkohol erhärtet.

6) **Chromessigsäure**; FLEMMING. 1 % Chromsäure 25 ccm., 2 % Essigsäure 50 ccm. Aqua destillata 25 ccm. werden gemischt. Einwirkungsdauer verschieden. Auswaschen in Wasser; langsames Erhärten in Alkohol. Für *alle Gewebe und Organe* empfehlenswert, besonders zum Studium von *Kernteilungen*.

7) **Chromsalpetersäure**; PERÉNYI (citiert nach FOL). 4 ccm. 10 % Salpetersäure, 3 ccm. Alkohol, 3 ccm. 0,5 % Chromsäure werden gemischt. Die Objekte kommen in diese Mischung für 4—5 Stunden, dann in Alkohol. Soll für *Amphibien- und Fischeier* ein gutes Fixierungsmittel sein.

8) **MÜLLER'sche Flüssigkeit.** 2—2,5 gr. Kali bichromicum und 1,0 gr. Natron sulfuricum werden in 100 ccm. Wasser gelöst. Dieses so vielfach für alle möglichen Objekte verwandte Reagens sollte in seinem Gebrauch allein auf das *Zentralnervensystem* beschränkt werden. So vorzüglich die Resultate sind, die man mittels desselben an diesen Organen erhält — für die voluminösen, in toto zu behandelnden Gehirne der Säugetiere ist es das einzige überhaupt anwendbare Fixierungsmittel —, so schlecht sind dieselben, wenn es sich um andere Organe handelt. Epithelien werden zum Theil darin mazeriert, und vor allen Dingen werden Kern- und Plasmastrukturen völlig zerstört. Ganz zu verwerfen ist die Lösung für Fixierung von Embryonen. Sie dringt viel zu langsam ein, selbst wenn man die Fixierung durch Brüttemperatur zu beschleunigen sucht; infolgedessen sind die inneren Teile fast stets in Fäulnis, ehe sie mit der Lösung in Berührung kommen.

Die genügende Durchtränkung von Hirn und Rückenmark hängt selbstverständlich von der Masse dieser Gebilde ab; die Zeitdauer schwankt daher zwischen 8 Tagen und 2—3 Monaten; bei menschlichen Gehirnen vergeht oft mehr als ein Jahr. Nach dieser Zeit sind die Objekte ohne weiteres schnittfähig. Man kann aber noch nachhärten in Alkohol. Hans Virchow hat dafür empfohlen, die Präparate aus MÜLLER'scher Lösung nicht in Wasser auszuwaschen, sondern direkt in Alkohol von circa 96 % zu übertragen und im Dunkeln aufzubewahren. Der Alkohol mufs häufig gewechselt werden. Das Aufbewahren im Dunkeln findet statt, damit sich keine Niederschläge im Alkohol bilden, wie das unter dem Einflufs des Lichtes stets der Fall ist.

9) **ERLICKI'sche Flüssigkeit.** Zur Erhärtung des *Zentralnervensystems* empfiehlt ERLICKI folgende Mischung: 2,5 gr. Kali bichromicum und 0,5 gr. Cuprum sulfuricum werden in 100 ccm. destillierten Wassers gelöst. Hierin erhärtet sich Zentralnervensystem, wenn man es in den Brütofen bei 37 °C. bringt, innerhalb 8—10 Tagen. Die Mischung ist nicht zu empfehlen, da sie Schrumpfungen in den Zellen hervorruft.

10) **Salpetersäure — Kali bichromicum**, von BENDA empfohlen. Die frischen Objekte kommen in eine Lösung der offizinellen Salpeter-

säure von 10 Vol. auf 90 Vol. Wasser. Nach 24—48 Stunden ohne vorheriges Auswaschen direktes Übertragen in Kali bichromicum. Zu Anfang wird 1 Vol. der kalt gesättigten Lösung dieses Salzes mit 3 Vol. Wasser verdünnt angewandt. Nach einigen Stunden Erneuerung der Kali bichromicum-Lösung und allmähliches Steigen in der Konzentration bis zu 1 Vol. Kali bichromicum auf 1 Vol. Wasser. Nach 2—3 Tagen ist die Durchtränkung meistens vollendet, nur Gehirn und Rückenmark bedürfen 14 Tage. Auswaschen und dann Schneiden entweder mit dem Gefriermikrotom oder nach Anwendung einer der noch zu besprechenden Methoden der Einbettung. Mit Ausnahme für Embryonen soll diese Fixierung *für Alles geeignet* sein; nur werden die Objekte sehr hart und ihre Färbbarkeit ist verlangsamt.

11) **Osmiumsäure.** 0,5 %, 1 %—2 % in wässriger Lösung. Dieses Reagens ist zur Fixierung der *verschiedensten Gebilde* mit ausgezeichnetem Resultate zu verwenden. Je nach dem Objekt richtet sich die zu gebrauchende Konzentration; also bei zarten Objekten die schwächeren Lösungen, bei kompakteren die stärkeren. Ebenso hängt von der Beschaffenheit des Objektes die Einwirkungsdauer ab, die zwischen $\frac{1}{2}$ und 24 Stunden schwankt. Die Organe sind sorgfältig in destilliertem Wasser zu waschen und nachher langsam in Alkohol zu erhärten. Nachträgliche Färbung in Karmin, Hämatoxylin, Fuchsin oder Safranin. Bei Anwendung der Osmiumsäurelösung ist ganz besonders zu beachten, dafs dieses Reagens seinem tieferen Eindringen in die Gewebe in viel höherem Mafse, als andere Fixierungsmittel, selber eine Grenze setzt, sodafs man häufig selbst nach 24 stündiger Einwirkung, bei vollständiger Schwärzung der Randpartieen, das Zentrum des Objektes von Osmium durchaus unberührt antrifft. Mehr als bei anderen Reagentien hat man daher hier darauf zu achten, dafs das zu fixierende Stück klein, die verwendete Flüssigkeit reichlich vorhanden sei. Man tut gut, sich nur 50 ccm. einer 2 % Lösung als Stammflüssigkeit, aus der die gewünschten geringeren Konzentrationen mit Leichtigkeit sich herstellen lassen, vorrätig zu halten, da die Lösung bei längerem Stehen verdirbt. Die mit einem Korken zu verschliefsende Flasche, in der die Lösung sich befindet, mufs dunkelfarbig sein und im Dunkeln aufbewahrt werden. Bei Anwendung des Osmiums ist Vorsicht nötig; die Dämpfe desselben bewirken sehr leicht heftige Entzündungen der Augenbindehaut und der Schleimhaut der Luftwege.

12) **Osmiumsäure in Dampfform.** RANVIER hat wohl zuerst darauf aufmerksam gemacht, dafs Osmiumdämpfe viel besser ein Organ durchdringen als die Lösung. Will man mit Osmiumdämpfen fixieren, so hängt man das Objekt in einer Flasche oder Schale, deren Boden eine nur wenige Millimeter hohe Schicht der 2 %-Lösung bedeckt, so auf, dafs es in diese Schicht nicht eintaucht. Um allzu starke Krümmungen zu vermeiden, wie sie unter der Einwirkung der Dämpfe in kontraktilen Organen auftreten, kann man in geeigneter Weise den unteren Rand des Objektes durch ein kleines Gewicht anspannen. Nach 24 Stunden wird langsam in Alkohol erhärtet.

13) **Chromosmiumsäure** ist von FLESCH (citiert nach FOL) in folgender Mischung empfohlen worden: Osmiumsäure 1 % — 10 ccm, Chromsäure 1 % — 25 ccm. Aqua destillata 65 ccm. Dauer der Einwirkung 24—36 Stunden. Auswaschen nicht in Wasser, sondern in

70 °/₀ Alkohol und langsames Erhärten. Soll namentlich für das *innere Ohr der Vertebraten* zweckmäfsig sein.

14) Chromessigosmiumsäure; FLEMMING'sche Lösung. Dieses von FLEMMING empfohlene Gemisch ist unstreitig *eines der vortrefflichsten, für alle Organe verwendbaren Fixierungsmittel*, das wir in der histiologischen Technik besitzen. Es zeichnet sich sowohl durch die vorzügliche Erhaltung der Teile, wie durch eine relativ leichte Durchdringungsfähigkeit aus. Die Zusammensetzung ist: 15 Teile 1 °/₀ Chromsäure, 4 Teile 2 °/₀ Osmiumsäure und 1 Teil Eisessig. Die Dauer der Einwirkung schwankt zwischen einigen Stunden bis 1 Tag. Auswaschen in destilliertem Wasser und Härten in 96 °/₀ Alkohol, oder eventuell direktes Übertragen in diesen Alkohol, der in den ersten Tagen täglich zu wechseln ist und Aufbewahren für längere Zeit (aber nicht über 2 Monate) in 90 °/₀ Alkohol.

Professor FLEMMING hatte die Liebenswürdigkeit, mir auf meine Bitte einige Notizen über die Verwendung dieses Gemisches mitzuteilen, die ich in folgenden Zeilen wiedergeben will. Das Gemisch hält man sich in der oben notierten Konzentration vorrätig. In diesem *starken* Gemisch werden schwer permeable, dichte und etwas gröfsere Objekte fixiert. Bei kleineren und weicheren kann man dasselbe ziemlich beliebig verdünnen, bei *sehr* dünnen und zarten mit dem 10 bis 20 fachen Vol. destillierten Wassers. Eine genaue Einhaltung der bestimmten hochgradigen Verdünnungen, wie sie von FLEMMING in seinem Zellenbuche (pag. 380) angegeben wurden, sind nach den mir gewordenen schriftlichen Mitteilungen dieses Forschers nicht notwendig, ebensowenig wie bei den mittleren; es kommt, wie FLEMMING sich ausdrückt, „auf einen „Schufs" mehr oder weniger von einer der Säuren nicht viel an." Eine Nachfärbung der so fixierten Objekte findet am besten mit Hämatoxylin, Fuchsin oder Safranin statt (siehe Kap. V).

Die FLEMMING'sche Lösung ist, wie schon bemerkt, für alle Organe und Gewebe verwendbar und erhält namentlich gut *Plasma- und Kernstrukturen.*

15) FOL'sche Lösung. Als eine Modifikation der FLEMMING'schen Lösung ist folgendes von FOL empfohlene Gemisch zu betrachten: 1 °/₀ Osmiumsäure 2 Raumteile, 2 °/₀ Essigsäure 5 Raumteile, 1 °/₀ Chromsäure 25 Raumteile, Wasser 68 Raumteile. Auswaschen in Wasser und Nachhärten in Alkohol. Dafs, wie FOL angiebt, dieses Gemisch für den allgemeinen Gebrauch am besten sich bewährt, kann ich nach den üblen Erfahrungen, die ich mit demselben gemacht habe, und die darin bestanden, dafs die Präparate hochgradige Quellungen zeigten, nicht zugeben. Für Eier von Säugetieren, die in der FLEMMING'schen Lösung sich nicht gut fixieren — diese Angabe verdanke ich wiederum der schriftlichen Mitteilung von Professor FLEMMING — mag die FOL'sche Modifikation geeignet sein.

16) Osmiumfixierungen mit nachfolgender Holzessigbehandlung; MÄHRENTHAL. Dr. v. MÄHRENTHAL, Kustos am hiesigen zoologischen Institute, teilte mir, mit gütiger Erlaubnis von Professor F. E. SCHULZE, folgendes von ihm ersonnenes, im genannten Institute seit langem geübtes Verfahren mit. Osmiumpräparate, mögen sie in der reinen Säure, oder in der FLEMMING'schen Lösung oder in einem anderen Osmium enthaltenden Gemisch fixiert sein, haben den Nachteil, dafs die Reduktion des Osmium in den Geweben nicht überall gleichmäfsig eintritt. MÄHRENTHAL verwandte nun, um eine solche ausgiebige Reduktion herbeizuführen, *rohen Holzessig* (Acetum pyrolignosum crudum der deutschen Pharmacopoe). Die aus der Osmiumsäure oder aus einem Osmiumsäure enthaltenden Gemisch entnommenen Objekte werden in destilliertem Wasser ausgewaschen und kommen dann in den rohen Holzessig, dessen Einwirkung man von 2 bis auf 24 Stunden ausdehnen kann. Dann werden die Objekte gewaschen, langsam gehärtet und in Paraffin (Kap. III) geschnitten. Ein Nachfärben der Schnitte in Alaunkarmin ist möglich, aber nicht nötig. Diese Methode ist namentlich geeignet, *feinste nervöse Elemente* zur Anschauung zu bringen. Sinneszellen und Nerven erscheinen ganz dunkel, das übrige Gewebe grau, aber mit deutlicher Differenzierung der einzelnen Bestandteile, die Kerne sind hell. Das mikroskopische Bild gleicht, wie sich Professor SCHULZE mir gegenüber einmal ausdrückte, „einem gut ausgeführten Lithogramm". Die Methode liefert ausgezeichnete Resultate.

17) **Pikrinsäure.** Vielfach wird die reine Pikrinsäure als kalt gesättigte wässrige Lösung zur Fixierung angewendet. Die Objekte verweilen in derselben einige Minuten bis einige Stunden, werden dann, nach Angabe einiger Autoren, womöglich in fliefsendem Wasser ausgewaschen, bis letzteres farblos abfliefst, und in Alkohol nachgehärtet. Das Auswaschen von Pikrinpräparaten in Wasser ist, wie auch FOL bemerkt, sehr gefährlich für die gute Erhaltung der Teile; will man also überhaupt reine Pikrinsäure benutzen, so wasche man nicht in Wasser aus, sondern suche das Pikrin durch dünnen Alkohol zu entfernen, $60^0/_0 — 70^0/_0$. Es gelingt dies freilich nicht immer; Anwendung von Brüttemperatur soll nach FOL hier von Vorteil zu sein. Die Pikrinsäure soll sowohl Zellsubstanz- wie Kernstrukturen gut erhalten. Nach den bösen Erfahrungen, die ich mit diesem Reagens gemacht habe, möchte ich vor der Anwendung desselben, d. h. der reinen Pikrinsäure, ganz entschieden warnen. Ganz entgegen den Angaben der Autoren habe ich stets Schrumpfungen der verschiedensten Art in der Zellsubstanz, Verzerrung in der Lagerung der Teile und nur selten gute Kernbilder erhalten. Färbung nach Pikrinfixierung mit allen Farbstoffen möglich.

Viel besser als die reine Pikrinsäurelösung wirken deren Vermischungen mit anderen Säuren.

18) **KLEINENBERG'sche Flüssigkeit — Pikrinschwefelsäure.** Die Mischung wird in folgendem Verhältnisse vorgenommen: kalt gesättigte wässrige Pikrinsäurelösung 100 ccm, konzentrierte Schwefelsäure 2 ccm, Aqua fontana 300 ccm. Bei Zusatz von H_2SO_4 zur Pikrinsäure schlagen sich Pikrinkrystalle nieder, die sich indessen bei der Verdünnung mit Wasser wieder lösen. Je nach der Natur des Objektes richtet sich die Dauer des Aufenthaltes desselben in dem Gemisch, die 3 Stunden nicht übersteigen darf. Das Objekt kommt aus dem Reagens direkt in $70^0/_0$ Alkohol und wird in diesem so lange ausgewaschen, d. h. der Alkohol wird so lange gewechselt, bis er farblos bleibt, das Pikrin also ausgezogen ist. Dann $80^0/_0$, 90% Alkohol. Diese Mischung wirkt auf die Bindesubstanzen quellend ein, was durch Zusatz von Kreosot zu derselben, soviel sich lösen will, vermieden werden kann. Für zarte Organismen — *Cölenteraten*, *Süfswasserbryozoen* etc. — ist die KLEINENBERG'sche Flüssigkeit ein

ganz aufserordentlich wertvolles und kaum zu entbehrendes Fixierungsmittel. Sobald es sich aber um zellenreiche, kompakte Organe handelt, ist sie wertlos, weil ihre Durchdringungsfähigkeit eine ganz geringe ist; und sind in dem zu fixierenden Objekte Kalksalze vorhanden, so wirkt sie geradezu verderblich, weil durch die Verbindung der Schwefelsäure mit dem Kalk unlöslicher Gyps entsteht, der eine weitere Verwendung des Materiales zu mikroskopischen Zwecken unmöglich macht. Das Färbungsvermögen ist für alle Farbstoffe erhalten.

19) **Chrompikrinschwefelsäure; FOL.** Um die quellenden Eigenschaften der Pikrinschwefelsäure zu vermindern oder aufzuheben, nimmt FOL statt Kreosot $^1/_3$ des Volumens 1 $^o/_o$ Chromsäure hinzu. Was für die Pikrinschwefelsäure gilt, gilt auch für die FOL'sche Modifikation derselben, nur dafs hier noch der Nachteil hinzukommt, dafs durch die Chromsäure das Färbungsvermögen leidet.

20) **Pikrinsalpetersäure; P. MAYER.** In Neapel habe ich dieses Gemisch kennen gelernt, das ich mir stets in folgender Weise darstelle: Zu 100 ccm. kalt gesättigter, wässriger Pikrinlösung setze ich 2 ccm. offizineller Salpetersäure. Durch den Zusatz wird Pikrin in Krystallen ausgefällt. Man schüttelt im Anfang häufig um, überläfst dann die Mischung 24 Stunden sich selber, schüttelt von neuem um und filtriert. In diese klare Lösung kommen die Objekte auf eine Zeitdauer, die von 10 Minuten bis 3 Stunden schwankt. Kalkhaltige Organe können auch länger in der Pikrinsalpetersäure verweilen. Doch ist die vollständige Entkalkung von Organen, welche z. B. Knochen enthalten (Nase, Gehörschnecke), ohne voraufgegangene Härtung nicht gut möglich; denn 24stündiges Verweilen des Materiales in dem Gemisch bewirkt leichte Schrumpfung der Zellen. Aus der Säure kommen die Objekte *direkt* in 70 $^o/_o$ Alkohol und werden langsam erhärtet. Das Überführen in Wasser statt direkt in Alkohol ist unter allen Umständen zu vermeiden; es entstehen unter dem Einflufs des Wassers häufig Schrumpfungen der verschiedensten Art, welche den Wert dieses Fixierungsmittels völlig aufheben. Der einzige Nachteil, der dieser Mischung anhaftet, besteht darin, dafs sich das Pikrin selten vollständig aus dem Objekte entfernen läfst. Dieser Übelstand ist belanglos, wenn man nach der Härtung durchfärben will; er kann beseitigt werden, wenn man bei Einzelfärbung den Schnitt etwa 24 Stunden in 70 % Alkohol läfst, bevor man den Farbstoff anwendet. Es ist das letztere darum notwendig, weil manche Färbemittel gegen Säuren überaus empfindlich sind. Im übrigen aber kann ich die Pikrinsalpetersäure, in direktem Gegensatze zu FOL, nur *auf das wärmste empfehlen*. Sie wird in ihren fixierenden Eigenschaften nur von der FLEMMING'schen Lösung übertroffen, ist dagegen in vielen Fällen besser, als das noch zu erwähnende Sublimat. Die Zilien an *Flimmerepithelien*, die *Strukturen des Zellplasma*, die *gegenseitigen Grenzen der Zellen* werden auf das vortrefflichste erhalten. Ob sie Kernteilungsfiguren konserviert, darüber habe ich keine Erfahrung. Das Färbungsvermögen ist für alle Farbstoffe ein gutes.

21) **Pikrinosmiumsalpetersäure.** Zur Fixierung sehr zarter Gewebe habe ich mit Erfolg folgende Kombination versucht. 3 Vol. Pikrinsalpetersäure werden mit 1 Vol. 2 $^o/_o$ Osmiumsäure vermischt. Darin verweilt das Objekt 1—3 Stunden. Es wird dann direkt in 70 $^o/_o$ Alkohol übergeführt und langsam erhärtet. Es dürfte für manche Zwecke sich

empfohlen, den Osmiumgehalt der Mischung zu verstärken. Selbstverständlich kann man, nach kurzem Auswaschen in 70 % Alkohol, rohen Holzessig nach der MÜHRENTHAL'schen Methode anwenden.

22) **Chrompikrinsäure**: FOL. 10 Vol. konzentrierter wässriger Pikrinsäurelösung werden mit 25 Vol. 1 % Chromsäure und 65 Vol. Wasser gemischt. Soll eine ausgezeichnete Härtung der *meisten Organe* liefern, ohne die Färbbarkeit derselben einzuschränken. Ihre Penetrationskraft ist nur eine geringe, daher sind nur kleine Objekte zu verwenden. Vor dem jedesmaligen Gebrauch kann man zur Erzielung einer energischen Wirkung noch 0,005 Osmiumsäure zusetzen.

23) **Konzentrierte wässrige Sublimatlösung** wurde, soviel ich weifs, als Fixierungsmittel zuerst in der zoologischen Station zu Neapel angewandt. Sie ist nebst FLEMMING'scher Lösung und Pikrinsalpetersäure *eines der besten Reagentien*, das wir besitzen. Ich stelle mir die Lösung, indem ich von der komplizierten, in den BEHRENS'schen Tabellen citierten LANG'schen Vorschrift absehe, nach dem Vorgange von HEIDENHAIN so dar, dafs ich in eine 0,5 % Kochsalzlösung so viel Sublimat bringe, als sich während des Kochens lösen will. Die heifse Flüssigkeit ist trübe, man läfst sie langsam erkalten, und nun scheiden sich Sublimatkrystalle in Form langer Nadeln aus, während die Flüssigkeit klar wird. Der für die tierischen Gewebe unschädliche Kochsalzzusatz ist darum notwendig, weil sich durch denselben mehr Sublimat löst, als ohne denselben. Die Lösung wird in eine dunkle oder an dunklem Orte aufzubewahrende Flasche abgegossen, weil im Licht leicht eine Zersetzung des Sublimats eintritt. In diese konzentrierte Lösung kommt das Objekt auf 10 Minuten bis 2 Stunden; HEIDENHAIN empfiehlt für Säugetierdarm eine 24 stündige Einwirkung, was für andere Organe viel zu lange ist. Sublimat dringt schwer ein, deswegen müssen die einzulegenden Stücke recht klein gewählt werden. Aus dem Sublimat wird das Objekt direkt in 70 % Alkohol übergeführt; Auswaschen in Wasser wirkt nach meinen Erfahrungen geradezu schädlich. Dem 70 % Alkohol wird so viel Jodtinktur zugesetzt, dafs er die Farbe des Portweins annimmt. Das Jod verbindet sich mit dem in den Geweben zurückgebliebenen Sublimat und entfernt so dasselbe aus dem Objekt. Die Abgabe von Quecksilber an das Jod dokumentiert sich durch das Eintreten einer Entfärbung des Alcohols, die sich auf dem Boden des Glases, in welchem sich das Präparat befindet, zeigt. Man schüttelt in solchem Falle um, damit auch die höheren Alkoholschichten mit dem Präparate in Berührung kommen, und man erneuert den Jodalkohol so lange, bis keine Entfärbung mehr auftritt. Die häufig sich zeigende leichte Bräunung des fixierten Objektes hat nichts zu sagen, da die Wenigkeit Jod, welche in die Gewebe eingedrungen ist, während der nachfolgenden, sehr langsam vorzunehmenden Erhärtung durch den Alkohol entfernt wird. Zuweilen passiert es, dafs das Jod mit dem Quecksilber sich zu rotem Quecksilberjodid verbindet und in kleinen Krystallen auf dem Präparate niederschlägt. Zur Entfernung dieser Verbindung tut man, wie mir P. MAYER empfahl, einige Krystalle von Jodkalium in den Alkohol, wodurch sich das Quecksilberjodid auflöst. Das Sublimat ist für alle Gewebe und Organe zu gebrauchen, besonders zweckmäfsig ist es bei Embryonen. Nur beim Verdauungsapparat der Crustaceen hat es mich im Stich gelassen; für diese Organe ist FLEMMING'sche

Lösung und Pikrinsalpetersäure vorzuziehen. Das Färbungsvermögen in Sublimat fixierter Objekte ist für alle Farbstoffe ein gutes.

24) **0,1 % Palladiumchlorür**, von F. E. SCHULZE empfohlen. Um das Salz in destilliertem Wasser zu lösen, ist ein Minimum von Salzsäure erforderlich. Kleine Objekte kommen für 2 oder 3 Tage oder für noch längere Zeit in viel Flüssigkeit; sie werden darin schnittfähig und färben sich gablich. Das Chlorpalladium ist besonders zum Nachweis *glatter und quergestreifter Muskeln* geeignet, die darin ein stroh gelbes Kolorit annehmen. Es erhält gut Zellstrukturen. Nachfärben in Karmin.

25) $1/10\%$ — $1/8\%$ **Platinchloridlösung: RABL**. Zum Studium von *Zellteilungserscheinungen* fixiert RABL Salamanderlarven in einer der angegebenen Konzentrationen, wäscht sie nach 24 Stunden in Wasser und erhärtet langsam in Alkohol. Die zu untersuchenden Partieen werden in Haematoxylin oder Cochenille gefärbt und in Methylalkohol beobachtet.

Vor Jahren hat derselbe Forscher zur Fixierung von *Embryonen* $1/3\%$ *Platinchloridlösung* empfohlen, in welcher die Objekte 24 Stunden verweilen. Sie werden sorgfältig ausgewaschen und langsam erhärtet.

26) **Salpetersaures Silber.** Dasselbe wurde, wie mir Professor FLEMMING schreibt, zuerst von RANVIER als fixierendes Mittel eingeführt. Man verwendet Lösungen von 0,2 % — 2 %. Die frischen Objekte kommen auf circa 1 Stunde in das Reagens, werden in destilliertem Wasser abgewaschen und ebenfalls in destilliertem Wasser 24—48 Stunden dem Tageslicht ausgesetzt. Zerzupfen in verdünntem Glycerin. Im Dunkeln aufbewahrt, sind solche Zupfpräparate haltbar. Zur Sichtbarmachung der *Grenzen der Endothelzellen* und zur Erkennung mancher Strukturverhältnisse der *markhaltigen Nervenfaser* sehr wertvoll.

27) **GOLGI'sche Methode der Versilberung.** Eine ganz eigenartige Verwendung des Silbersalpeters hat in neuester Zeit GOLGI gefunden, indem er bereits anderweitig fixierte Teile von *Gehirn und Rückenmark* mit Silber behandelte und dadurch die *Ramifikationen der Ganglienzellen* in bisher ungeahnter Weise sichtbar machte. Sein Verfahren ist folgendes: 1—1½ ccm. grofse Stücke von Gehirn oder Rückenmark werden in MÜLLER'scher Lösung oder in Kali bichromicum von 2 %, dessen Konzentration schnell bis 5 % steigt, fixiert. Stets mufs sehr viel Flüssigkeit angewendet und dieselbe häufig gewechselt werden. Dauer der Einwirkung 14—50 Tage und mehr, je nach der Jahreszeit; in der heifsen ist weniger, in der kalten mehr Zeit erforderlich. Die gehärteten Objekte werden in ganz dünner Lösung von Argentum nitricum ausgewaschen, kommen dann in eine grofse Quantität einer 0,75 % Lösung von Silbersalpeter, die häufig zu erneuern ist. Es ist gleichgültig, ob man das zu versilbernde Objekt dem Lichte aussetzt oder nicht. In der Silberlösung bleiben die Präparate 2—3 Tage und länger. Sie werden dann in Alkohol übergeführt, der häufig zu wechseln ist. Die feucht hergestellten Schnitte sind sorgfältig in absolutem Alkohol zu entwässern, kommen dann auf einige Minuten in Kreosot, dann auf 10—15 Minuten in Terpentin und werden schliefslich in Dammarharz übertragen. Sie dürfen nicht mit einem Deckglase eingedeckt werden.

Für das *Gehirn der Knochenfische* hat FUSARI die Methode in folgender Weise modifiziert. Kleine Stückchen des Organes kommen für 2 Tage in MÜLLER'sche Lösung $+ \frac{1}{3}$ des Volumens Wasser, dann für 2 Tage in ein gleiches Quantum reiner MÜLLER'scher Lösung. Aus derselben für 2 Tage in $\frac{4}{5}$ MÜLLER $+ \frac{1}{5}$ 1 $\%$ Osmiumsäure, dann in 0.75 $\%$ Lösung von Argentum nitricum. Weitere Behandlung wie bei der ursprünglichen GOLGI'schen Methode.

Die Resultate sind für die *Ganglienzellen des Gehirns, des Rückenmarks und der Retina* sehr beachtenswert.

28) **COHNHEIM'sche Goldmethode** (citiert nach FREY). In eine 1 $\%$ wässrige Lösung von Goldchlorid kommen ganz frische Objekte für 15 Minuten bis $\frac{1}{2}$ Stunde, bis eine strohgelbe Färbung eingetreten ist. Die Objekte sind im Dunkeln zu lassen. Man wäscht in Wasser ab und bringt dann in Wasser, dem einige Tropfen Essigsäure oder Ameisensäure zugesetzt sind, für mehrere Tage. Dabei kann das Objekt dem Licht ausgesetzt sein. Ist die Reduktion vollendet, so muſs eine intensiv rote oder violette Färbung sich zeigen. Die Goldreduktion ist die beste, ja fast einzige Methode, welche die *letzten Endigungen der Nerven* zur Anschauung bringt; leider ist sie sehr launisch und in ihren Resultaten durchaus unberechenbar. Man kann auch statt Goldchlorid — Goldchloridkalium und -natrium mit dem gleichen Effekte verwenden.

29) **PRICHARD'sche Mischung.** Zur Reduktion ist eine von PRICHARD angegebene Mischung geeignet, die folgende Zusammensetzung hat: Amylalkohol 1, Ameisensäure 1, Wasser 98.

30) **HÉNOCQUE'sche Goldmethode** (citiert nach FREY). Zur schnelleren Reduktion bringt HÉNOCQUE mit Gold wie bei der COHNHEIM'schen Methode behandelte und ausgewaschene Objekte in ein mit Glasstopfen zu verschlieſsendes Fläschchen, das eine konzentrierte Lösung von Weinsteinsäure enthält. Dieses Gefäſs wird während 15—20 Minuten der Temperatur des beinahe siedenden Wassers ausgesetzt. Die Reduktion ist in der Tat erfolgt; indessen sind die Resultate, wenigstens nach meinen Erfahrungen, nicht sehr rühmenswert; die Behandlung der Objekte ist auch eine ziemlich rohe.

31) **LÖWITT'sche Goldmethode** (citiert nach FREY). Dieselbe ist zur *Vergoldung von Muskeln* vielfach gerühmt worden. Die Prozedur ist folgende: In eine Lösung von 1 Teil Ameisensäure und 2 Teilen destillierten Wassers kommen kleine Stücke des Objektes für etwa 1 Minute. Darauf werden sie in eine kleine Quantität einer 1 $\%$ Goldchloridlösung übertragen, bis sie gelb werden, was 5—10 Minuten erfordert. Hierauf erst in verdünnte Ameisensäure übergeführt, dann in konzentrierter Ameisensäure für 1 Tag im Dunkeln stehen gelassen. Untersuchung in Wasser oder verdünntem Glycerin.

32) **RANVIER'sche Goldmethode.** Zur Untersuchung der *Hornhaut* hat RANVIER folgendes Verfahren empfohlen: Die frisch abgetragene Cornea kommt auf 5 Minuten in frisch gepreſsten und filtrierten Zitronensaft, dann für 20 Minuten in 1 $\%$ Goldchloridlösung (mindestens 3 ccm. für jede Hornhaut), und endlich für 3—4 Tage dem Licht ausgesetzt in 30 ccm. mit 2 Tropfen Essigsäure angesäuerten Wassers. Schneiden in Alkohol.

33) FLEMMING'sche Goldmethode. Um bei *Mollusken* das Eindringen der Goldlösungen zu erleichtern, empfiehlt FLEMMING folgendes Verfahren: Die frischen Objekte kommen in Salzsäure von 0,1 $^0/_0$ auf 1 Stunde, dann bis zu 12 Stunden in $^1/_4$ $^0/_0$ Goldchloridlösung und werden in leicht mit Essigsäure angesäuertem Wasser bis zu 10 Tagen dem Lichte ausgesetzt. Langsames Nachhärten in Alkohol.

34) Goldchlorid + Ameisensäure (citiert nach STÖHR). In einem Reagensglase werden 8 ccm. einer 1 $^0/_0$ Goldchloridlösung + 2 ccm. Ameisensäure bis zum Sieden erhitzt. In die erkaltete Mischung kommen sehr kleine Stückchen auf 1 Stunde, wobei sie im Dunkeln zu halten sind, werden in destilliertem Wasser flüchtig abgewaschen und zur Reduktion, die in 24—48 Stunden erfolgt, in eine Lösung von 10 ccm. Ameisensäure und 40 ccm. Wasser übergeführt. Die Reduktion hat im Tageslicht zu erfolgen. Nachher langsames, im Dunkeln vorzunehmendes Erhärten.

35) Osmiumgoldmethode; RETZIUS. Zur Untersuchung der *Gehörschnecke bei Wirbeltieren* empfiehlt RETZIUS das Objekt, dessen Knochenschale vorsichtig eröffnet wurde, in eine $^1/_2$ $^0/_0$ Osmiumsäurelösung zu bringen. Nach $^1/_2$ Stunde wird in Wasser ausgewaschen und in eine $^1/_2$ $^0/_{00}$ Goldchloridlösung für ebenfalls $^1/_2$ Stunde übertragen. Darauf Überführen in 2 $^0/_0$ Ameisensäure für 24 Stunden. Der Knochen darf nicht decalciniert werden, sondern wird mit dem Skalpell abgetragen und die Präparate werden mit einer feinen Schere hergestellt.

An diese Fixierungsmethoden will ich noch anschliefsen als *Anhang* zu diesem Kapitel *die Methoden der Entkalkung und Entfärbung*.

36) 3 $^0/_0$—9 $^0/_0$ Salpetersäure. STÖHR empfiehlt das vorher gut fixierte und erhärtete Objekt aus dem Alkohol in ein sehr grofses Quantum einer 3 $^0/_0$—9 $^0/_0$ Salpetersäure zu übertragen. Der Eintritt der völligen Entkalkung ist mittels einer feinen Nadel zu kontrolieren. Die Objekte sollen nach STÖHR dann womöglich in fliefsendem Wasser ausgewaschen und vorsichtig wieder erhärtet werden.

Besser ist es, die reine Salpetersäure statt mit Wasser mit *konzentrierter Kochsalzlösung* zu einem der oben angegebenen Konzentrationsgrade, der dem Objekte entsprechend ausgewählt wird, zu verdünnen und statt die eingreifende Prozedur des Auswaschens in fliefsendem Wasser die Entfernung der Salpetersäure in destilliertem Wasser vorzunehmen. Vorsichtiges Nachhärten in Alkohol.

37) EBNERS Entkalkungsflüssigkeit (citiert nach ORTH). Man bringt Knochen in eine mit 1 $^0/_0$—3 $^0/_0$ reiner Salzsäure vermischte 10 $^0/_0$ bis 15 $^0/_0$ Kochsalzlösung. Zur Erkennung der fibrillären Beschaffenheit der Grundsubstanz des Knochens wertvoll.

38) Chlorpalladiumsalzsäure; WALDEYER (citiert nach STÖHR). Zu einer 1 $^0/_0$ Salzsäure wird so viel 1 $^0/_0$ Chlorpalladiumlösung hinzugefügt, dafs 100 ccm. des Gemisches 0,001 $^0/_0$ Chlorpalladium enthalten. STÖHR rät an, in 1000 ccm. Aqua destillata 1 ccm. Chlorpalladium und 10 ccm. reiner Salzsäure zu lösen. Nachdem die Entkalkung vollendet, was durch vorsichtiges Einstechen mit einer Nadel festgestellt wird, wird sorgfältig ausgewaschen und langsam nachgehärtet.

Die Entkalkung, der jedesmal die Fixierung und Erhärtung vorauszugehen hat, ist eine eingreifende Prozedur schon darum, weil das vorher in Alkohol befindliche Objekt für längere Zeit in eine wässrige Lösung übertragen werden mufs. Es ist daher gut, den Prozefs möglichst zu beschleunigen, damit das Präparat wieder in Alkohol übergeführt werden kann; man mufs also *schnell entkalken*.

39) **GRENACHERS Entfärbungsflüssigkeit.** Um das intensiv dunkle *Pigment aus den Augen wirbelloser Tiere* zu entfernen, hat GRENACHER folgende Mischung angegeben: 1 Teil Glycerin, 2 Teile Alkohol von 80%, und 2%—3% reiner Salzsäure. Man kann entweder Schnitte oder ganze Organe hierin entfärben, mufs aber den Entfärbungsvorgang sorgfältig überwachen. Ist das Pigment gelöst, so ist das Präparat aus der Flüssigkeit sofort zu entfernen und in 80 % Alkohol sorgfältig abzuspülen.

40) **Alkoholische Natronlauge.** Das *Pigment*, welches *im Mantelrande der Muscheln* und in den hier sich findenden Sinnesorganen vorkommt, widersteht der Einwirkung der Säure in GRENACHERS Gemisch vollständig; noch nach monatelangem Liegen in jener Flüssigkeit ist es unverändert. Ich habe zu seiner Entfernung ganze Organteile oder Schnitte in etwa 15—50 ccm Alkohol von 96 % gebracht, dem ich 3—9 Tropfen offizineller Natronlauge zugefügt hatte. Die Entfärbung war in kürzester Frist bewirkt, ohne dafs die zelligen Elemente des betreffenden Objektes gelitten hatten. Ich kann daher diesen alkalischen Alkohol für alle die Objekte empfehlen, die ein säurebeständiges Pigment haben.

Entfärbung mittels Chlordämpfen. P. MAYER hat zur Entfärbung *zu dunkel gewordener Osmiumpräparate* folgendes Verfahren angegeben. In ein mit Alkohol gefülltes Glas, in dem sich das zu dunkle Präparat befindet, werden Krystalle von Kali chloricum gebracht und dazu etwas Salzsäure getan, so dafs ein etwa 1 % salzsaurer Alkohol entsteht; die Flasche ist wol zu verschliefsen. Jetzt entwickeln sich Chlordämpfe, welche das Präparat ausbleichen. Man mufs den Prozefs sehr genau überwachen, damit nicht die Einwirkung des Chlors eine zu intensive wird. Aus der Flüssigkeit entnommene Präparate dürfen nicht ausgewaschen werden, sondern kommen direkt in Alkohol. Diese histologisch wohl nicht ganz ungefährliche Methode ist auch für Pigment verwendbar.

Kap. III. Die Methoden der Einbettung.

Die Objekte, die man einer histologischen Analyse unterwerfen will, sind also fixiert und erhärtet; um sie weiter studieren zu können, mufs man nunmehr von ihnen *feine Schnitte* anfertigen.

Die primitivsten Methoden zur Erreichung dieses Zwecks sind die folgenden drei:

1) **Einklemmen in Leber.** Die Leber des Rindes und die sogenannte Speckleber, die bei vielen Krankheiten des Menschen vorkommt, haben in Alkohol erhärtet eine gleichmäfsige Konsistenz, welche das Anfertigen von Schnitten derselben sehr erleichtert. In ein Stückchen solcher Leber, das man gespalten hat, klemmt man nun das zu untersuchende Objekt ein. Man schneidet mit einem gewöhnlichen scharfen Rasiermesser, dessen Klinge mit Alkohol be-

feuchtet ist. Wasser zur Befeuchtung ist nicht geeignet, da dasselbe sich nicht über der Klinge ausbreitet, sondern in Tropfen auf derselben sich ansammelt. Man kann so bei genügender Übung ziemlich feine Schnitte erhalten. Der Nachteil dieser Methode, der meines Erachtens so grofs ist, dafs man dieselbe für histiologische Zwecke ganz verwerfen sollte, ist der, dafs das Objekt durch den Druck der den Leberspalt schliefsenden Hand mehr oder minder stark gequetscht wird, so dafs man ganz unkontrollierbare Verletzungen im Präparat hervorrufen kann. Für eine *vorläufige* Orientierung kann man indessen gelegentlich so verfahren.

2) **Einklemmen in Hollundermark.** In den gangbaren, für den Anfänger bestimmten Lehrbüchern der Histiologie von STÖHR und ORTH findet sich als eine besondere Methode der Einbettung das Einklemmen in Hollundermark, die der Vollständigkeit halber auch hier Platz finden soll. Man nimmt trockenes Hollundermark, sticht mit einer Nadel ein Loch hinein, welches so grofs sein mufs, dafs das Objekt hineinpafst. Dieses wird in das Loch gebracht und mitsamt dem Hollundermark für einige Minuten in Wasser geworfen. Das Objekt steckt jetzt in Folge der Quellung des Hollundermarks fest und kann unter Alkohol geschnitten werden. Dafs diese ziemlich rohe Methode für eingehende Studien sich nicht eignet, liegt auf der Hand; ob es zweckmäfsig ist, sie von einem Anfänger üben zu lassen, da durch dieselbe doch nur in den allerseltensten Fällen instruktive Schnitte erzielt werden können, möchte ich bezweifeln.

3) **Aufkleben mit Gummi.** Statt der einfachen, aber nicht ganz gefahrlosen Methode des Einklebens in Leber oder Hollundermark kann man die Präparate auf Kork mit Gummi aufkleben. Man bringt auf einen Korken einen Tropfen dicker Gummiarabicumlösung, stellt in dieselbe das Präparat und legt in 96 "/₀ Alkohol ein. Jetzt wird der Gummi hart und das Präparat steht; geschnitten wird unter 96 "/₀ Alkohol, da dünnerer den Gummi wieder lösen würde. Will man sich zum Schneiden eines Mikrotoms bedienen, so kann man das Präparat mit einer dünnen Schicht Wallrath oder Paraffin umziehen, gewissermafsen candieren. Man bringt einen dieser Stoffe so auf das Präparat, dafs man ihn von einem erwärmten Messer oder Spatel auf dessen freie Flächen auftropft. Zum feuchten Schneiden kleinerer Objekte ist dies die beste Methode.

Während mit letzterer Methode unter Umständen befriedigende Resultate erzielt werden können, so sind die durch die ersteren beiden erhaltenen sehr geringfügiger Natur. Wohl kann man ab und zu einen *wirklich* feinen Schnitt bekommen, doch ist das im allgemeinen trotz gröfster Übung und Geschicklichkeit immerhin selten, und die aufgewendete Mühe und das verbrauchte Material stehen in gar keinem Verhältnis zu dem, was man tatsächlich erreicht. Es rührt dies daher, dafs die allermeisten Organe, sie mögen noch so gut gehärtet sein, sehr elastisch sind und daher dem schneidenden Messer nicht *den* Widerstand leisten, der notwendig ist, um gute Schnitte zu erhalten. Man mufs daher die fixierten und erhärteten Objekte von neuem einer besonderen Behandlung unterwerfen, deren Endzweck es ist, denselben eine solche Härte zu verleihen, dafs das Herstellen feinster und gleichmäfsiger Schnitte mit Leichtigkeit zu bewirken ist, und dafs man im Stande ist, von einem Objekte eine grofse Zahl von

Schnitten, eine sogenannte Schnittserie, anzufertigen. Der zweite, wenn ein solches Ziel zu erreichen ist, dabei zu erhaltende Vorteil bestände noch darin, dafs man unter Ersparung von Material und von Arbeitskraft zu besseren Resultaten gelangt.

Nur zwei Organe machen eine Ausnahme, das sind Gehirn und Rückenmark. Die Fixierung derselben in MÜLLER'scher Lösung bewerkstelligt zugleich eine so ausgiebige Erhärtung, dafs, auch ohne Nachbehandlung in Alkohol und ohne weitere Manipulationen, für das Studium des Faserverlaufes hinreichend feine Schnitte angefertigt werden können. Man *kann* daher Gehirn und Rückenmark, ohne sie weiter einzubetten, in vollständige Schnittreihen zerlegen, man *mufs* es thun, wenn man Schnitte von ihnen in Karmin färben will. Um derartige Organe bequem und rasch für mikroskopische Zwecke zu zerlegen, bringt man sie in das noch zu erwähnende GUDDEN'sche Mikrotom, in dessen Cylinder sie mittels folgender, von GUDDEN angegebener Masse befestigt werden.

4) **GUDDEN'sche Masse.** 12 Teile Stearin, 12 Teile Schweinefett und 1 Teil Wachs werden zusammen geschmolzen und heifs in den Cylinder des Mikrotoms von GUDDEN gegossen. In die heifse Masse kommt das direkt aus MÜLLER'scher Lösung oder Kali bichromicum entnommene Präparat. Damit die Masse besser an dem Gehirn oder Rückenmark anhaftet, ist es nach dem Vorschlage von FOREL wohlgethan, das Objekt vorher eine Zeitlang in warmem Wasser zu erwärmen. Je nach dem Präparat ist sowohl die Temperatur der Masse wie die Wassererwärmung eine verschiedene; man kann den richtigen Grad nur durch Übung kennen lernen. Nach dem Erstarren retrahiert sich aber die Masse meistens von dem Metallcylinder, so dafs das Präparat bei der Messerführung wackelt. Zur Verhütung dieses Übelstandes kann man, wie FOREL angiebt, zwischen den Metallcylinder und das Präparat kleine Holzsplitter einkeilen. Auf die Dauer schaffen diese aber auch keine Hilfe, da sie bald locker werden. Besser ist es, nach Anraten desselben Autors, das Präparat mit der es fest umgebenden Einbettungsmasse aus dem Mikrotomcylinder herauszuziehen und in den letzteren entweder von neuem heifse Masse zu giefsen oder seine Wandung mit einer Mischung von Terpentin und Wachs (heifs hergestellt) zu bestreichen. Dann wird die Peripherie des Präparates rasch erwärmt und das Ganze schnell und sorgfältig in den Cylinder eingeschoben.

Indessen ist diese Methode der Einbettung, die eigentlich nur eine Umschmelzung ist, nur für Gehirn und Rückenmark geeignet; für alle anderen Objekte, die, wie ich in Kap. II Nr. 8 pag. 12 auseinandergesetzt habe, nie in MÜLLER'scher Flüssigkeit oder in einer anderen Kali bichromicum-Lösung fixiert werden sollten, ist sie meines Erachtens nicht verwertbar. Für andere Objekte müssen wir Methoden wählen, welche dieselben so hart machen, dafs die Anfertigung feinster Schnitte möglich ist.

Solche Methoden sind die Einschmelzung in *Paraffin* und das Durchtränken mit *Celloïdin*.

5) **Paraffineinschmelzung.** So ohne weiteres sind die dem 90 °/₀ Alkohol entnommenen Präparate nicht zur Einschmelzung geeignet. Man mufs vielmehr dieselben erst völlig wasserfrei machen und dann mit einer Flüssigkeit durchtränken, welche sich mit Paraffin mischt.

Man bringt daher aus dem 90 %/₀ die Präparate auf 24—48 Stunden in 96 %/₀ und dann auf 24—48 Stunden in absoluten Alkohol, den man sich selber in der Kap. II Nr. 1 pag. 10 beschriebenen Weise hergestellt hat. Die Angabe der Zeitbestimmungen hat selbstverständlich nur einen relativen Wert, oft muſs man die Entwässerung viel länger dauern lassen. Man darf eben, wie schon einmal bemerkt, keinen Zeitmangel haben und nichts überhasten.

Viel schonender und dabei absolut sicher in ihrem Endeffekt kann man die Entwässerung in dem von F. E. SCHULZE angegebenen Entwässerungsapparat, dem sogenannten *Dialysator* vornehmen. Dieser Apparat besteht aus einer Flasche mit weitem Halse und zwei ineinander und in den Hals der Flasche zu steckenden trichterartigen Einsätzen. Auf den Boden der Flasche kommt geglühtes schwefelsaures Kupferoxyd, gefüllt wird sie mit 96 %/₀ Alkohol, dem das Kupfer jede Spur von Wasser entzieht, ihn also absolut macht. In den Hals der Flasche kommt der weitere der beiden trichterförmigen Einsätze, dessen eine dem Alkohol absolutus zugewandte Öffnung mit einem Blättchen dünnsten Papieres, sogenannten „Naglers Postverdrufs" verklebt ist. Dies Verkleben geschieht mit Eiweiſslösung. In diesen Einsatz kommt der zweite engere, der in der gleichen Weise verschlossen ist. In den ersten Einsatz kommt etwa 90 %/₀, in den zweiten 70 %/₀ oder 80 %/₀ Alkohol und in den letzteren auch das zu entwässernde Objekt. Zugedeckt wird mit einer Glasplatte. Nun beginnen durch das Papier hindurch die Diffusionsströmungen in den Alkoholen der verschiedenen Grade, deren Resultat nach 24 Stunden das ist, daſs in allen drei ineinander steckenden Gefäſsen sich absoluter Alkohol befindet. Die Verwässerung nämlich, die durch die Diffusion der absolute Alkohol des Hauptgefäſses erleidet, wird durch das geglühte Kupfersulfat, das Wasser begierig aufnimmt, sofort wieder paralysiert.

Den Alkohol kann man dann durch Terpentinöl, Xylol oder Chloroform ersetzen. Es geschieht dies bei Anwendung der ersteren beiden so, daſs man das Präparat, das gut entwässert sein muſs, in die Durchtränkungsflüssigkeit bringt und so lange darin läſst, bis es durchsichtig geworden ist, was 10 Stunden und mehr beansprucht. Anders verfährt man bei Gebrauch von *Chloroform*. Mittels einer Pipette bringt man vorsichtig auf den Boden des das im absoluten Alkohol liegende Präparat enthaltenden Gefäſses Chloroform. Da dasselbe schwerer ist als der absolute Alkohol, so sinkt es zu Boden und Präparat und Alkohol werden dadurch in die Höhe gehoben, derart, daſs das Präparat an der deutlich sichtbaren Grenze beider Flüssigkeiten schwimmt. (Natürlich muſs man vom Chloroform ein solches Quantum nehmen, daſs das Präparat, wenn es in dasselbe hineingesunken ist, vollständig davon bedeckt ist.) Jetzt beginnen innerhalb des Präparates immer an der Stelle, welche auf der schwereren Flüssigkeit aufruht, Diffusionsströmungen, wodurch der Alkohol zum Teil verdrängt wird und an seine Stelle Chloroform tritt. Infolge dieses Ersatzes des einen Reagens durch das andere sinkt das Präparat zu Boden. Die Zeit, die zur Vollendung dieses Prozesses notwendig ist, ist eine ganz unbestimmbare. Sie hängt ab von der Dichtigkeit des Präparates und von der Temperatur des Tages. Die erste Bedingung aber, daſs ein Gelingen eintritt, ist die völlige Entwässerung; man geize daher nicht zu sehr mit dem absoluten Alkohol. Man nennt diese Methode, die für andere Zwecke von

F. E. SCHULZE angegeben wurde und die ich in Neapel zuerst kennen lernte, die *Senkmethode*. Ist das Präparat auf den Boden des Glases herabgesunken, so giefst man vorsichtig beide Flüssigkeiten ab und bringt es in ein grofses Quantum reinen Chloroforms. In diesem müssen die Objekte noch längere Zeit verweilen, damit sich das ganze Gewebe mit Chloroform durchtränkt. Das dauert mindestens 24 Stunden, oft aber mehrere Tage, namentlich wenn es sich um Gebilde handelt, die entkalkten Knochen oder Knorpel enthalten oder die eine epidermoidale Decke besitzen. Geht man hierbei zu schnell vor, so mifsglückt die Prozedur völlig, und man darf dieselbe nicht etwa durch Erwärmung im Brütofen beschleunigen, da sonst die Präparate im Paraffin bis zur Unkenntlichkeit schrumpfen. Der lange Aufenthalt in Chloroform schadet nichts, wenn vorher nur gut fixiert und genügend entwässert wurde. Auf diese Weise wird der Alkohol viel schonender verdrängt, als wenn man die Präparate direkt in Terpentin oder Xylol bringt; die heftigsten Zerrungen und Schrumpfungen können durch die plötzlich eingetretenen und energisch wirkenden Diffusionsströmungen in letzteren Fällen hervorgerufen werden.

Die Frage, welche der drei Flüssigkeiten, ob Terpentinöl, Xylol oder Chloroform vorzuziehen ist, ist daher nach meinen Erfahrungen dahin zu beantworten, dafs das Chloroform die anderen beiden, was die Schonung der Gewebteile anlangt, bedeutend übertrifft; in folgedessen ist die Langsamkeit, mit der das Chloroform wirkt, ganz nebensächlich.

Nun kommt noch eins hinzu. Das in den Präparaten enthaltene Terpentin oder Xylol, wenn man eine dieser Flüssigkeiten angewandt hat, verdirbt, wenn das Präparat in das geschmolzene Paraffin kommt, wovon gleich die Rede sein soll, das Paraffin in der Weise, dafs der Schmelzpunkt desselben dadurch allmählich heruntergesetzt wird. Hatte man im Anfange eine Paraffinsorte von hohem Schmelzpunkt, also hartes Paraffin, so wird dasselbe, wenn man es häufig bei Präparaten verwendet, die mit Terpentin oder Xylol durchtränkt waren, allmählich schmierig und die Schnitte kleben infolgedessen am Messer. Dies ist aber niemals der Fall bei Chloroform, dies Reagens greift Paraffin in der beregten Richtung nicht an. Aufserdem habe ich die Erfahrung gemacht, dafs bei Terpentin- oder Xyloldurchtränkung die Präparate brüchig werden, während ein solcher Übelstand bei Chloroformdurchtränkung sich nicht zeigt.

In reinem Chloroform sinken die Objekte nicht immer unter und werden nicht durchsichtig.

In Terpentin oder Xylol bleibt das Material mindestens 10 Stunden, manchmal auch länger, in reinem Chloroform, wie bereits bemerkt, mindestens 24 Stunden bis zu 3 oder 4 Tagen. Dann bringt man die Präparate in eine Mischung von einer der Flüssigkeiten mit Paraffin, die man so herstellt, dafs man von dem Paraffin, welches zur definitiven Einschmelzung bestimmt ist, sich so viel in eine der Flüssigkeiten schabt, dafs eine dicke Lösung entsteht. In Chloroform löst sich Paraffin nur in der Wärme, in der Kälte ist in dem Bodenteil des Gefäfses das Chloroform, darüber das Paraffin. In ein Gefäfs mit einer solchen Mischung werden die Präparate mit einem Horn- oder Metallspatel auf den Boden gebracht und bleiben darin über Nacht, nicht zugedeckt. Den anderen Tag setzt man das die Präparate enthaltende Gefäfs und das Gefäfs, in welchem das reine

Paraffin sich befindet, das erstere offen, das letztere bedeckt in einen sogenannten Wärmeschrank oder auf das Wasserbad, welches von P. Mayer in Neapel angegeben wurde und durch Jung in Heidelberg zu beziehen ist. Man stellt die Gasflamme so niedrig ein, dafs das reine Paraffin etwa 4—5 Stunden Zeit zum Schmelzen braucht. Während dessen ist Terpentin, Xylol oder Chloroform völlig oder fast völlig verdunstet, so dafs man im ersteren Gefäfse fast reines Paraffin hat. Jetzt bringt man die Präparate mit einem Hornspatel oder mit einer erwärmten Pinzette aus dem ersten in das zweite, das reine Paraffin enthaltende Gefäfs und läfst sie darin, je nach ihrer Konsistenz, 1—3 Stunden, zarte kürzere, massige längere Zeit. Sind die Präparate mit dem reinen Paraffin völlig durchzogen, dann mufs man sie noch einschmelzen. Man benutzt dazu entweder Metallwinkel, sogenannte Paraffinrähmchen, wie sie Jung in Heidelberg nach den Angaben der Neapler Station liefert, oder Glaswinkel, wie sie F. E. Schulze angegeben hat, oder endlich man verfertigt sich ein Papierkästchen. Die Metallwinkel setzt man auf eine Platte von Spiegelglas, die Glaswinkel auf eine dünne Platte von Metall. Platte und Winkel, welch' letztere gut schliefsen müssen, und die man in einer der Gröfse des einzubettenden Objektes adäquaten Weise aneinander verschiebt, d. h. der von den Winkeln begrenzte Raum mufs gröfser sein als das Objekt, befeuchtet man mit etwas Glycerin. Ein Papierkästchen stellt man sich in folgender Weise dar. Man schneidet sich ein rechteckiges Stückchen nicht zu weichen, aber auch nicht zu harten Papiers, weil es in letzterem Falle beim Kniffen brechen würde, in Gestalt eines Rechtecks ab und knifft zuerst die beiden Langseiten etwa 1 cm, dann, nachdem man jene aufgeklappt, die beiden Kurzseiten etwa 2 cm. ein, so dafs ein rechteckiges centrales Feld übrig bleibt, das an Gröfse das Präparat ungefähr um das Doppelte übertrifft. Dann legt man die eine Langseite in ihrem Kniff um und biegt die Ecken nach hinten so zurück, dafs die Kniffe der Langseite die Kniffe der Kurzseite decken. Ebenso verfährt man mit der anderen Langseite. Nun richtet man die eine Kurzseite in ihrem Kniff hoch, biegt erst auf der einen, dann auf der anderen Seite das zwischen ihr und der Langseite sich zeigende Papierohr nach aufsen um, schlägt den überstehenden Teil der Kurzseite zurück, damit die beiden Ohren festgehalten werden, und verfährt in gleicher Weise mit der anderen Kurzseite. Diese Beschreibung läfst die kleine Manipulation etwas schwieriger erscheinen, als sie in der Tat ist; hat man aber etwa zwei bis drei Versuche in der angegebenen Weise angestellt, so wird man sich mit Leichtigkeit Papierkästchen von grofser Regelmäfsigkeit und beliebigem Raumgehalte anfertigen können. Ich ziehe die Kästchen den Winkeln vor, weil sie erstens billiger als diese, und dann, weil sie absolut dicht sind, was bei den Winkeln nicht immer der Fall ist. Die Kästchen stellt man auf eine dünne Metallplatte, auf der sich etwas geschmolzenes Paraffin befindet. Mit dem Paraffin durchtränkt sich der Boden des Kästchens, und dieses haftet dann beim Erkalten fest an der Metallplatte.

In ein solches Kästchen oder in den von den Winkeln begrenzten Raum giefst man nunmehr das geschmolzene reine Paraffin (Kästchen, Winkel und Platten müssen daher die Temperatur des Paraffins haben) und bringt mit einem erwärmten Metallspatel das Präparat hinein. Dieses wird mit heifs gemachten Nadeln orientirt, d. h. so geordnet, dafs es die für die gewünschte Schnittrichtung angemessene Lagerung hat. Die Orientierung ist gleichgiltig, wenn es sich um ein in allen seinen Teilen gleichmäfsiges Organ, z. B. ein Stück Leber handelt, wichtig aber ganz insbesondere für embryologische Präparate. Die Orientierung mufs daher sorgfältig und schnell geschehen, damit das Paraffin sich nicht abkühlt. Hat man orientiert, so hebt man die Platte mit den Winkeln oder dem Kästchen vorsichtig, um die Lagerung des Präparates nicht zu verändern, in die Höhe (bei dem Neapler Wasserbad ist dies in sehr sinnreicher und einfacher Weise vermieden) und bringt sie in eine Schüssel mit kaltem Wasser. Hier wird sie so weit eingetaucht, dafs Kästchen bezw. die Winkel bis zu ihrer halben Höhe im Wasser stehen. Man mufs nun so lange warten, bis sich auf der ganzen Oberfläche des geschmolzenen Paraffins eine gleichmäfsige dünne Haut gebildet hat. Dann taucht man vorsichtig tiefer, bis das Wasser an einer Ecke langsam in den Raum des Kästchens oder der Winkel hineingelaufen ist. Dadurch wird die Oberfläche hart. Nun wirft man das Ganze in das kalte Wasser. Nach 10 Minuten ist die Masse so weit erstarrt, dafs man das Papierkästchen, und nur bei diesem ist die folgende Manipulation notwendig, herausnehmen und entfernen kann; den Paraffinblock legt man wieder ins Wasser zurück und beschwert ihn, damit er nicht schwimmt, mit der Platte. Es ist das darum erforderlich, weil nach zu langem Verweilen im Wasser das Papier sich nicht mehr glatt vom Paraffinblock abziehen läfst. Im allgemeinen kann man sagen, dafs zum vollständigen Hartwerden des Paraffins etwa $1/2 - 3/4$ Stunde erforderlich ist; ein äufseres Kennzeichen dafür wird dadurch gegeben, dafs sich die Winkel leicht vom Paraffinblock und dieser leicht von der Platte lösen.

Die schnelle, in den vorstehenden Zeilen geschilderte Abkühlung des Paraffins ist notwendig, weil bei langsamer Abkühlung desselben Luftblasen in ihm entstehen und es infolge davon beim Schnitt krümelt.

Welche Sorte von Paraffin soll man nun wählen? Vielfach findet man in den Lehrbüchern der Histologie und in Handbüchern, welche der Technik gewidmet sind, die Angabe, man solle ein hartes Paraffin nehmen und dasselbe durch Zusatz von sogenanntem flüssigen Paraffinöl, von fadenziehendem Paraffin (schmilzt bei circa 40° C.) oder von Vaselin in seinem Schmelzpunkte so herabdrücken, dafs dieser 50° C. nicht übersteigt. Ich kann diese Angabe nicht gut begreifen. Paraffin von einem derartigen Schmelzpunkte schneidet sich sehr schlecht, weil es zu fett ist; die Schnitte kleben am Messer fest, reifsen infolgedessen häufig ein und sind dann natürlich wertlos. Will man gar eine gröfsere Schnittserie anfertigen, so können diese Eigenschaften des Paraffins Einen geradezu zur Verzweiflung bringen, weil durch sie die mechanische und ermüdende Arbeit des Schneidens ungemein verlangsamt wird. Man soll von einem solchen Paraffin auch feine Schnitte herstellen können. Da fragt es sich zunächst, was versteht man unter einem feinen Schnitt? In der Histologie ist die Mafseinheit *das Mikromillimeter*. ENGELMANN hat vor vielen Jahren den seitdem allgemein acceptierten Vorschlag gemacht, 0,001 mm. als Mikromillimeter oder 1 μ zu bezeichnen. Nun kann man von Paraffin mit 50° C. Schmelzpunkt wohl Schnitte von 10 μ gleich 0,01 mm. anfertigen, will man aber dünner schneiden, so gelingt das nur ausnahmsweise. Es ist gar nicht zu leugnen, dafs Schnitte von 10 μ Dicke für manche Zwecke genügen, so z. B. dann, wenn man morphologische Tendenzen verfolgt, die gegenseitige Lagerung und den Zusammenhang verschiedener Organe untereinander studieren will an Objekten, wo eine makroskopische Präparation nicht möglich ist. Bei solchen Absichten könnten dünnere Schnitte unter Umständen schädlich sein, da durch sie der gesuchte und eventuell vorhandene Zusammenhang getrennt würde. Man würde sich also durch zu dünne Schnitte die geistige Rekonstruktion der morphologischen Verhältnisse sehr erschweren. Da aber, wo es sich um feinste histiologische Details handelt, wo der innere Aufbau eines Organs genauer erkannt werden soll, wo Plasmastrukturen, Kernfiguren, Übergänge feinster Nervenfasern in Sinneszellen etc. zu eruieren sind, da reichen Schnitte von 10 μ meines Erachtens nicht mehr aus. Und zwar darum, weil man in der weitaus überwiegenden Mehrzahl der Fälle in solchen Schnitten nicht eine, sondern mehrere Zellenlagen erhält. Das aber ist die ideale Forderung, die der Histiologe an ein mikroskopisches Präparat zu stellen hat, dafs er nur eine Zellschicht, nicht weniger, aber auch nicht mehr, in demselben zu überblicken hat. Wer beispielsweise Plasmastrukturen erforschen, wer die zarten, einander durchflechtenden Stränge der Zellsubstanz in ihren Einzelheiten verfolgen will, wird sich vor einem unlösbaren Rätsel befinden, hat er im Präparate eine mehrfache Zelllage vor sich. Denn nun ist es schlechterdings unmöglich, zu entscheiden, welcher Zelllage die einzelnen Stränge angehören, ob man es mit einem wirklichen Netz zu tun hat oder ob die Zeichnung eines solchen nur dadurch vorgetäuscht wird, dafs die Stränge der tiefer liegenden Zellen in einer anderen Richtung verlaufen, als die der höher liegenden. Wie gesagt, für solche Zwecke ist Paraffin mit einem bei 50° C. liegenden Schmelzpunkt, weil es zu weich ist, und Schnitte von 10 μ, weil sie zu dick sind, nicht zu verwenden. Ich benutze ausschliefslich, wie ich dies in der Neapler Station zuerst gelernt, *Paraffin von 56—58° C. Schmelzpunkt*. Damit lassen sich Schnitte von 5 μ Dicke, also $^1/_{200}$ mm, sehr leicht anfertigen, die allein für histiologische Zwecke Wert haben. Dickere Schnitte mache ich für meine Untersuchungen eigentlich nie, es sei denn, dafs die Textur des betreffenden Organes eine solche ist, dafs man keinen 5 μ Schnitt zu Stande bringt. Dann aber ist das höchste zulässige Dickenmafs 7.5 μ; solche Schnitte kann man von jedem Organ erhalten. Ja unter Umständen ist auch 5 μ noch zu dick, man mufs unter dieses Mafs noch heruntergehen bis zu 3 μ. Hat man nur ein scharfes Messer, so lassen sich derartige dünne Schnitte ganz gut herstellen, wie ich dies zu wiederholten Malen zu probieren Gelegenheit hatte. Von dem härteren Paraffin kann man also sehr feine Schnitte und natürlich auch dickere anfertigen; es ist daher dem weicheren in jeder Beziehung überlegen.

Dem Einwande möchte ich noch begegnen, als ob der hohe Schmelzpunkt des Paraffins, also die hohe Temperatur, in die das Präparat hineinkommt, dem letzteren schädlich sein könnte. Dieser Einwand ist ganz und gar hinfällig. Ein gut fixiertes und gut und vorsichtig gehärtetes Präparat *mufs* eine Temperatur von 56°—58° C. aushalten können und hält sie auch aus. Schrumpft es dennoch in dem heifsen Paraffin zusammen, so war es eben nicht gut vorbereitet, hatte namentlich nicht lange genug in absolutem Alkohol und nachträglich in Chloroform gelegen.

Will sich der Anfänger in selbständigen mikroskopischen Arbeiten vor Mifserfolgen und Irrtümern schützen, so wähle er nicht ein Paraffin von niedrigem, sondern ein solches von hohem Schmelzpunkt.

Ein grofser Vorteil der Paraffinmethode ist darin zu sehen, dafs trocken geschnitten wird, dafs die Arbeit also eine durchaus saubere ist. In welcher Weise man Paraffin schneidet, soll im nächsten Kapitel erörtert werden.

6) **Celloidineinbettung.** Dieselbe ist in neuester Zeit von SCHIEFFERDECKER empfohlen worden und hat sich bald sehr viel Freunde erworben. Man verfährt dabei folgendermafsen: Das käufliche Celloidin ist meistens nicht völlig lufttrocken, infolge dessen undurchsichtig, von weifslicher Farbe. Man zerschneidet daher dasselbe in ganz kleine Partikel und läfst dieselben, vor Staub geschützt, so lange liegen, bis sie lufttrocken sind. Die vollständige Lufttrocknung erkennt man daran, dafs die Celloidinstückchen ganz hart sind, ein bräunliches Aussehen haben und durchsichtig erscheinen. Nun bringt man in ein mit einem guten Kork versehenes Glasgefäfs (eingeschliffene Glasstöpsel sind unter allen Umständen zu vermeiden, da sie nie genau schliefsen und da sie durch das gelöste Celloidin so fest angeheftet werden, dafs man sie nicht mehr entfernen kann) eine Mischung aus absolutem Alkohol und Äther zu gleichen Teilen und gibt so viel Celloidin hinzu, dafs daraus eine Lösung von Honigkonsistenz wird. Dazu sind oft Wochen erforderlich. Die Lösung mufs klar und durchsichtig sein. Ist das nicht der Fall, so war entweder das Celloidin nicht lufttrocken oder der Alkohol nicht absolut. In solchem Falle schüttet man am besten die Lösung in eine offene Schale und wartet, bis Alkohol und Äther verdunstet sind und das Celloidin wieder lufttrocken ist; denn trübe Lösungen sind von Nachteil, weil sie die Orientierung des Präparates erschweren. Die oben erwähnte Celloidinlösung von Honigkonsistenz benutzt man als Stammflüssigkeit, aus der man sich durch Verdünnung, die wiederum mittels eines Gemisches aus Alkohol absolutus und Äther zu gleichen Teilen hergestellt wird, zwei weitere Lösungen anfertigt, von denen die eine etwa Glycerinkonsistenz hat, die andere noch dünner ist. Das Präparat, das celloidiniert werden soll, wird zunächst in absolutem Alkohol entwässert und kommt dann, um etwaige letzte Spuren von Wasser noch auszutreiben, auf circa 24 Stunden in Schwefeläther. Man mufs für jedes Objekt sich selber ausprobieren, wie lange der Aufenthalt in Äther zu dauern hat; zu lange Einwirkung desselben macht das Präparat leicht brüchig. Aus dem Äther kommt das Präparat auf etwa 8 Tage zunächst in die dünnste Celloidinlösung, dann auf ebenso lange Zeit in die mittlere und schliefslich auf 4—5 Tage etwa in die dickflüssige Lösung. Nun bereitet man sich einen guten Kork, so dafs er in die Klammer des Mikrotoms pafst, bestreicht dessen eine Fläche mit dem Celloidin und bringt auf dieselbe das Präparat, das mit vielem dickflüssigen Celloidin übergossen wird und das man mit den dabei allerdings sehr schmutzig werdenden Fingern so lange festhalten mufs, bis das Celloidin eine leichte Kruste zeigt. Dann wirft man Kork und Präparat in ein Gefäfs mit 80 % Alkohol; das Präparat natürlich nach unten. Empfehlenswert ist es, das Alkoholgefäfs so zu wählen, dafs sein Lumen

nur wenig gröfser ist, als der Durchmesser des Präparates oder des Korkes; letzterer schwebt dann senkrecht in der Flüssigkeit. Man tut ferner gut, recht viel Alkohol zu nehmen, weil dann die Erhärtung des Celloidin schneller vor sich geht. Bis dieselbe vollendet ist, mufs der Alkohol täglich gewechselt werden; die eingetretene Erhärtung erkennt man daran, dafs das Celloidin sich auf Druck des Fingernagels nicht mehr einbiegt. Nachher kann man in 70 % Alkohol aufheben. An Stelle des direkten Auftragens des Präparates kann man auch so verfahren, dafs man dickflüssiges Celloidin in ein wie beim Paraffin angegeben verfertigtes Papierkästchen giefst und dann das Präparat zugiebt, das selbstverständlich vollständig von Celloidin bedeckt sein mufs. Man wartet, bis sich eine zarte Haut gebildet hat, und legt dann das Kästchen in 80 % Alkohol ein. Ist das Celloidin hart geworden, dann schneidet man sich dasselbe, nach Ablösung des Papieres, dem Präparat entsprechend zurecht und klebt den so hergestellten Celloidinblock auf Kork mit Celloidin auf und härtet nochmals. Absoluter Alkohol oder Alkohol von stärkerem Grade als 80 % darf vor dem Schneiden nicht mit dem Celloidin in Berührung kommen, weil dieses sonst schmierig wird.

Bei *sehr* kleinen Objekten kann man dünne Schnitte anfertigen; im allgemeinen aber ist diese Methode für histologische Zwecke darum nicht recht geeignet, weil bei gröfseren Präparaten die Schnitte zu dick werden. Ein fernerer Nachteil ist der, dafs Celloidin fast alle Farbstoffe aufnimmt und dafs man dieselben, namentlich wenn es Plasma färbende Stoffe sind, nicht mehr entfernen kann, ohne das ganze Objekt zu zerstören. Eine Ausnahme machen nur die WEIGERT'sche Hämatoxylinfärbung und deren Modifikationen (siehe Kap. V). Man mufs daher die Objekte durchgefärbt haben, ehe man sie in Celloidin bringt, was wieder aus später zu erörternden Gründen nicht immer zweckmäfsig ist. In dieser Hinsicht steht die Celloidineinbettung der Paraffineinschmelzung nach.

Ein grofser Vorteil der Methode aber besteht darin, dafs es relativ leicht ist, voluminöse Organe, wie z. B. ein Säugetiergehirn, in kurzer Zeit zu durchtränken, und ferner, dafs alle Teile eines Organes oder Organkomplexes in ihrer gegenseitigen Lagerung erhalten werden.

Geschnitten werden Celloidinpräparate unter 80 % Alkohol, der in so reichlicher Menge auf das Mikrotommesser aufgetropft werden mufs, dafs die Schnitte schwimmen, und mit dem ferner das Präparat stets sehr feucht zu erhalten ist, weil sonst das Celloidin eintrocknet. Aufgehellt wird in Bergamottöl; Nelkenöl löst das Celloidin.

Es finden sich in den Lehrbüchern aufser den hier erwähnten Methoden noch eine ganze Anzahl anderer Einbettungsmedien angegeben. Ich verzichte darauf, dieselben anzuführen; die Paraffin- und Celloidin-Technik haben alle anderen Verfahren in den Hintergrund gedrängt. So auch hat die FLEMMING'sche Einbettung in Transparentseife, die der Urheber derselben, wie er mir mitzuteilen die Güte hatte, schon seit Jahren nicht mehr verwendet. Nur vor einer Methode, die auch jetzt noch vielfach benutzt wird und deren ich mich vor Jahren selber bediente, möchte ich warnen: das ist die Methode des Einlegens in Gummilösung oder in Gummiglycerin. Die dabei notwendigen Manipulationen, namentlich die Wiederauflösung des Gummi, sind für zarte Gebilde geradezu verderblich, weil Zerrungen und Zerreifsungen der verschiedensten Art dabei unvermeidlich sind.

Kap. IV. Schneiden und Aufkleben.

Wir haben gesehen, dafs das Schneiden der Objekte mit freier Hand beim Einklemmen in Leber oder Hollundermark, wobei die andere Hand als Objekthalter fungiert, nur selten zu befriedigenden Resultaten führt. Nach Paraffin- und Celloidin-Einbettung ist ein solches Verfahren überhaupt unmöglich, weil man im ersteren Falle anderer Messer als der gewöhnlichen Rasiermesser bedarf und weil überhaupt diese Methode zu unsicher und zu zeitraubend ist.

Man bedient sich daher zum Schneiden seit längerer Zeit besonderer Instrumente, sogenannter *Mikrotome*. Den ersten Vorläufer derselben stellt der seinerzeit von HENSEN angegebene Querschnitter dar, der es erlaubte, unter dem Mikroskope das Objekt zu schneiden. Das Prinzip des Mikrotoms ist dann meines Wissens zuerst von HIS erfunden und seitdem mannigfach vervollkommnet worden, so dafs wir gegenwärtig über eine ganze Reihe verschiedener Modelle für den gedachten Zweck verfügen.

Hier sollen nur drei Formen des Mikrotoms besprochen werden, die sich weitester Verbreitung erfreuen. Die erste Form ist das

1) GUDDEN'sche Mikrotom. Dasselbe ist ein sogenanntes Cylinder- oder Schraubenmikrotom. Es besteht aus einem festen Metallcylinder, in welchem sich ein Stempel befindet, dessen höhere oder tiefere Stellung mittels einer Mikrometerschraube reguliert wird. Der Cylinder ist am Boden einer grofsen Wanne eingelassen. Geeignet ist das Instrument nur für Gehirn und Rückenmark, welche unter Wasser, das die Wanne des Instrumentes erfüllt, geschnitten werden und zu deren Befestigung die in Kap. III erwähnte Mischung verwendet wird. Als praktisch wichtig beim Gebrauche dieses Instrumentes sind folgende Regeln zu beachten, die FOREL, ein Schüler GUDDENS, in einer Arbeit genauer angegeben, und deren Vernachlässigung ein Mifslingen der Präparate zur Folge hat. Die Einbettungsmasse *dient nur als Stütze des Präparates im Cylinder*, nicht aber der einzelnen Schnitte. Man mufs sie daher beim Beginn des Schneidens um das Präparat so weit abtragen, als es ohne Gefährdung des sicheren Haltes desselben möglich ist. An der zu schneidenden Stelle selber darf keine Masse haften, denn dieselbe würde das Messer verunreinigen, es fettig machen, würde die Sicherheit der Messerführung beeinträchtigen und hinderte infolge dessen die Anfertigung einer lückenlosen Schnittserie. Will man das Schneiden unterbrechen, so läfst man das Wasser aus der Wanne ablaufen und übergiefst das sorgfältig abgetrocknete Präparat mit heifsgemachter GUDDEN'scher Masse. Die Schnitte schwimmen im Wasser, aus dem sie vorsichtig mittels einer befeuchteten Glasplatte oder mit einem breiten Spatel herausgenommen werden.

2) SCHANZE'sches Mikrotom. Während man mit dem GUDDEN'schen Instrumente nur feucht schneiden kann, kann man mit dem SCHANZE'schen auch in Paraffin eingebettete Objekte zerlegen. Das Prinzip dieses Mikrotoms ist ein kombiniertes, es ist ein Schrauben- und Schienenmikrotoms. An dem einen Ende desselben findet sich eine um zwei Achsen drehbare Vorrichtung, welche die Klammer für das Präparat trägt. Darunter ist eine mit einer grofsen graduierten

Scheibe versehene Mikrometerschraube, durch deren Umdrehung, die man beliebig grofs machen kann, jene das Präparat tragende Vorrichtung in die Höhe gehoben wird. An einer breiten, die ganze Länge des Instrumentes einnehmenden Metallplatte, welche an einer Stelle einen Einschnitt für die Scheibe enthält, ist diese ganze Einrichtung befestigt. Auf der von derselben abgewendeten Seite der Platte, etwa in halber Höhe derselben, ist eine in einem nach oben offenen, spitzen Winkel gestellte Schiene angebracht, ebenfalls in der ganzen Länge des Instrumentes. Auf der Schiene, sich anlehnend an die Platte, befindet sich der Schlitten, welcher das Messer trägt. Indem man diesen langsam die Schiene entlang zieht, schneidet man den Teil des Präparates ab, der über das Niveau des Messers übersteht. Damit die Schlittenbewegung eine gleichmäfsige und sanfte ist, mufs die Schiene gut mit Knochenöl eingeölt sein.

Der Nachteil des Instrumentes besteht in der Schraubeneinrichtung, welche das Präparat bewegt; die Schraube schlottert leicht und hat vielfach sogenannte „todte" Gänge.

Zum Aufschmelzen der Paraffinblöcke bedient man sich am besten kleiner länglicher, in die Klammer passender und mit Paraffin durchtränkter Holzklötzchen; mittels eines heifs gemachten Eisens wird das Präparat auf dem Klötzchen aufgeschmolzen.

3) JUNG'sches Mikrotom, von THOMA zuerst angegeben. Wie beim SCHANZE'schen wird das Messer auf einem Schlitten in einer Schienenbahn geschoben, abweichend von demselben wird aber auch der Präparatenträger auf einer Schiene mittels Mikrometerschraube vorwärts bewegt. Die allgemeine Ansicht geht wohl dahin, dafs dieses Mikrotom, namentlich in dem Neapler Modell, allen Anforderungen genügt, welche man an ein solches Instrument stellen kann. Die Bewegung des Präparates, wie ich dies am eignen Instrumente erprobt, ist eine absolut gleichmäfsige, „todte" Gänge kommen an der vorzüglich gearbeiteten Mikrometerschraube nicht vor. Der Schlitten, welcher das Messer trägt, ist, im Gegensatze zum SCHANZE'schen Instrumente, sehr schwer, so dafs er nicht durch den Widerstand des harten Paraffinblocks aus seiner Bahn gehoben werden kann. Aufserdem ist das Instrument mit allen Hilfsmitteln für das Schneiden (Metallcylinder zum Aufschmelzen der Präparate, Schnittstrecker etc.) vollauf ausgestattet.

Bedingung für eine gute Funktion des Mikrotoms nach SCHANZE oder JUNG ist die Sauberkeit der Schlittenbahn des Messerträgers. Man reinigt dieselbe vor dem jedesmaligen Gebrauche durch einen mit Benzin befeuchteten Lappen und ölt sie dann sehr reichlich mit Knochenöl ein. Der Schlitten mufs angestofsen mit Leichtigkeit die ganze Bahn durchgleiten. Um ferner einen guten Zustand der Messerschlittenbahn zu erhalten, soll man beim Schneiden den Schlitten stets die ganze Bahn entlang ziehen, damit die Abnutzung derselben überall eine gleichmäfsige ist.

Die wichtigste Rolle beim Schneiden mittels des Mikrotoms spielt das *Messer*. Ist dasselbe nicht scharf genug oder schartig, so ruiniert man sich die Präparate oder bekommt keine guten Schnitte. Im letzteren Falle, wenn das Messer schartig ist, ist dasselbe an den Instrumentenmacher, aus dessen Fabrik das Mikrotom stammt, zur Reparatur zurückzusenden. Die sogenannten chirurgischen Instrumentenmacher verstehen zwar Skalpelle, Scheren und gewöhnliche Rasiermesser zu schleifen. Mikrotommesser aber werden von ihnen meistens ruiniert. Ist das Messer blofs stumpf, so ist es am besten, es selber zu schleifen; gelingt diese Manipulation auch nicht sofort, so erspart man sich doch wenigstens den Ärger, den Einem ein ruiniert vom Instrumentenmacher zurückgeschicktes Instrument bereitet. Übrigens gehört zur Erlernung der Kunst des Schleifens nichts weiter als Geduld, mit der man schliefslich doch zum Ziele kommt. Zum Scharfmachen bei ganz stumpfem Messer benutzt man einen Schleifstein, zum Abziehen einen sogenannten chinesischen Streichriemen von ZIMMER in Berlin. Der bei dem letzteren vorhandene Stein ist niemals zu gebrauchen, weil er für Mikrotommesser zu rauh und daher gefährlich ist. Als Schleifstein dient ein sogenannter französischer oder Öl-Stein, der sehr lang und breit sein mufs; schmale und kurze Steine gewähren einen zu geringen Spielraum. Zur Befeuchtung des Steines empfiehlt FOL ein Gemisch aus 2 Teilen Glycerin und 1 Teil Alkohol. Viel besser hat sich mir für diesen Zweck das *amerikanische Knochenöl* bewährt, welches sich von dem in Deutschland verfertigten dadurch unterscheidet, dafs es ganz wasserklar ist und in der Kälte nicht flockig wird. Man führt nun das Messer so auf dem Stein, dafs man es flach auflegt und *mit der Schneide voran* es langsam *ohne jeglichen Druck* schräg vorschiebt. Dann *dreht man auf dem Rücken um* und schiebt, ebenfalls mit der Schneide voran, langsam in entgegengesetzter schräger Richtung zurück. Diese Bewegung führt man etwa 30—50 mal aus, wobei man darauf zu achten hat, dafs der Stein nicht trocken wird, sondern dafs stets eine hinreichende Quantität von Öl vorhanden ist, welche die Schneide des Messers vollständig bedecken mufs. Darnach reinigt man sorgfältig mit einem trocknen Leinwandlappen den Stein und das Messer. Jetzt wird dasselbe noch auf dem Streichriemen abgezogen, was überhaupt vor dem Gebrauche jedesmal zu geschehen hat. Man legt das Messer, genau wie auf dem Stein, gleichmäfsig mit Rücken und Schneide auf und führt, zunächst auf dem roten Leder, dieses Mal aber *den Rücken voran*, dasselbe *ohne jeden Druck* schräg nach vorn, *dreht auf dem Rücken um* und zieht, wiederum den Rücken voran, in entgegengesetzter Richtung zurück. Auf dem roten Leder streicht man etwa 6—8 mal, auf dem schwarzen 10—15 mal, auf dem weifsen 30—50 mal. Jetzt wischt man das Messer sorgfältig ab und prüft dessen Schärfe dadurch, dafs man ein Kopfhaar langsam über die Schneide führt. Ist das Messer gut geschliffen, so mufs es das Haar durchschneiden.

Der Druck beim Abziehen auf dem Streichriemen wie beim Schleifen auf dem Schleifstein mufs darum vermieden werden, weil derselbe die Schneide abstumpft, statt sie zu schärfen. Will man nunmehr schneiden, so klemme man bei Celloidinpräparaten den Kork in die Präparatenklammer so fest ein, dafs keine Pendelung des Objektes möglich ist. Bei Paraffinpräparaten schneidet man sich den Block zurecht, zunächst als ein reguläres Oktaeder, dessen eine Fläche man entweder auf ein Holzklötzchen oder auf den mit Paraffin ausgegossenen Metallcylinder des JUNGS'chen Mikrotoms aufschmilzt. Ist das geschehen, das Präparat also ganz fest, dann schneidet man sich die Seiten in beliebiger Weise zurecht, am besten derart, dafs die Oberfläche die Gestalt eines rechtwinkligen Dreiecks hat, und man richtet das Präparat so zum Messer, dafs letzteres einer der Katheten parallel ist. Es ist stets notwendig, eine 2—3 mm. breite Schicht Paraffin um das Präparat herum stehen zu lassen, damit die Schnitte glatter werden. Paraffinpräparate haben den Übelstand, daſs sie beim Schneiden sich rollen und dann nicht mehr ausbreiten lassen. Um dies zu vermeiden, hat man sogenannte *Schnittstrecker* konstruiert, deren einfachster wohl der von P. MAYER in Neapel angegebene ist. Besitzt man keinen Schnittstrecker, so kann man sich in folgender Art behelfen, wie ich es früher tat: An einem etwa 2 cm. breiten Streifen Pergamentpapier, dessen Länge beliebig gewählt werden kann, rundet man die Ecken der beiden schmalen Seiten sorgfältig ab. Kommt das Messer in das Paraffin, so hält man den Papierstreifen dicht über das Präparat und zieht das Messer durch. Man darf dabei die das Papier haltende Hand nicht bewegen, weil sonst der Schnitt beschädigt wird; auch muſs man sich hüten, mit der Hand das Messer zu drücken, weil man dadurch die Neigung des letzteren zum Präparate verändert und die Schnitte ungleichmäſsig ausfallen. Beobachtet man diese Kautelen, so bleibt der Schnitt unter dem Papierstreifen platt und kann nun mit einer feinen glatten Pinzette oder sonst einem geeigneten Instrumente abgenommen werden.

Noch einige Bemerkungen möchte ich über die Stellung, die man dem Messer beim Schneiden zu geben hat, hinzufügen. Die rationellste Einstellung ist unstreitig die, wo das Messer ziemlich längs steht. Man nutzt dabei die ganze Schneide aus und durchtrennt am schonendsten das zu untersuchende Objekt. Je schräger man einstellt, desto mehr wird aus dem Schneiden ein Quetschen, und bei ganz querer Messerstellung wird das Objekt überhaupt nur noch durchquetscht. Bei groſsen voluminösen Objekten soll man daher stets längs einstellen. Es ist zwar manchmal langweilig, namentlich wenn man eine groſse Schnittserie anzufertigen hat, auf jeden einzelnen Schnitt so viel Zeit anwenden zu müssen, wie zur langsamen Durchführung der Klinge und zum Abheben des Schnittes notwendig ist; indessen entschädigen die Resultate vollauf für die angewandte Mühe. Auch hat starke Schrägstellung oder gar Querstellung des Messers den Nachteil, daſs sich feine Schnitte von 5 μ Dicke fälteln und daſs diese Fältelungen sich nicht entfernen lassen. Nur bei ganz kleinen Gegenständen kann man das Messer ohne Nachteil querstellen. Man schneidet zu dem Zwecke den Paraffinblock so zurecht, daſs die dem Messer zugekehrte und die abgekehrte Fläche einander parallel sind; die anderen beiden Flächen sollen es auch sein, die Oberfläche muſs also ein Rechteck bilden. Jetzt bringt man mit einer erwärmten Messerklinge auf die ersten beiden Flächen, also auf die, welche dem Messer gegenüber stehen, eine ganz geringe Quantität sogenannten fadenziehenden Paraffins (schmilzt bei circa 40° C.). Drückt man das Messer nun langsam durch, so bleibt der Schnitt auch ohne Schnittstrecker glatt und jeder folgende klebt durch das weiche Paraffin am vorhergehenden fest, so daſs man ein langes Band aneinander gereihter Schnitte erhält. Diese „Bandwurmmethode", wie man sie auch nennt, wurde meines Wissens zuerst von SPEE angegeben.

Was das Tempo anlangt, in welchem man den das Messer tragenden Schlitten bewegt, so bin ich der Ansicht, daſs man ihn stets langsam führen soll, namentlich dann, wenn das Messer sehr längs gestellt ist. Meinen Erfahrungen nach werden die Schnitte, wenn man das Messer schnell durch das Präparat zieht, ungleichmäfsig, während das bei langsamem Schneiden nicht der Fall ist.

Die Schnitte sind nun gemacht und müssen, bevor sie weiter behandelt werden und bevor die Präparation definitiv beendet ist, noch einigen Prozeduren unterworfen werden. Die dünnen Paraffinschnitte kann man nicht so ohne weiteres der Einwirkung von Terpentin oder Xylol aussetzen, sie würden bei den Manipulationen zu leicht zerreifsen, namentlich wenn sie zu färben sind und so aus alkoholischen in wässrige Flüssigkeiten, dann wieder in alkoholische und endlich in ölige übergeführt werden müssen. Ganz abgesehen davon, dafs es ein fast aussichtsloses Beginnen wäre, dieselben, wenn sie feucht sind, in Reih und Glied zu erhalten. *Man mufs die Schnitte jetzt aufkleben.*

a. GIESBRECHT-MAYER'sche Methode. Diese Methode des Aufklebens ist für *durchgefärbte* Präparate unstreitig die beste, weil einfachste und absolut sicher wirkende. Man macht sich eine konzentrierte Lösung von Schellack, indem man in absoluten Alkohol so viel weifsen Schellack bringt, als sich darin lösen will. Durch den das Gefäfs verschliefsenden Kork steckt man einen feinen Glasstab. Vor dem Schneiden richtet man sich die Objektträger her, indem man die sorgfältig gereinigten über einer Spiritusflamme erwärmt, damit die an denselben haftende Feuchtigkeit entfernt wird. Täte man dies nicht, so würde der Alkohol der Schellacklösung die Feuchtigkeit begierig aufnehmen und sich trüben. Man nimmt jetzt den Glasstab mit dem Kork von der Schellackflasche ab, läfst ihn abtropfen und streicht den ganz glatt angelegten gleichmäfsig und schnell, damit der Alkohol nicht verdunstet, auf dem erwärmten Objektträger entlang. So breitet man eine dünne Schellackschicht auf demselben aus, die infolge der schnellen Verdunstung des Alkohols bald trocken wird. Ist der Aufstrich mifsglückt, und das wird dem Anfänger bei den ersten Versuchen stets passieren, hat man zu viel Schellack genommen, oder nicht gleichmäfsig den Glasstab über den Objektträger hingeführt, oder endlich war der letztere nicht ganz trocken, so entfernt man den Schellacküberzug durch Aufspritzen von absolutem Alkohol. Derartige Objektträger mit Schellacküberzug stellt man sich immer erst vor dem Gebrauche in der voraussichtlich nötigen Zahl her. Diejenigen, deren man nicht gleich benötigt, schützt man durch eine Glasglocke vor dem Einstauben.

Nach der älteren GIESBRECHT'schen Methode verreibt man nun auf jedem Schellacküberzug in der gewünschten Ausdehnung mit dem Finger etwas Nelkenöl oder Kreosot, so dafs eine leichte Klebrigkeit der Oberfläche entsteht. Jetzt werden die Schnitte auf die Schellackdecke aufgelegt und mit einem feinen Metallschäufelchen oder noch besser und schonender mit einem feinen Hornspatel, dessen verdünntes eines Ende gegen die Fläche gebogen ist (durch das Institut von G. KÖNIG sind solche Hornspatel erhältlich), leicht angedrückt. Ist der auszufüllende Raum mit Schnitten bedeckt, so bringt man den Objektträger in den Wärmeschrank oder auf das Neapler Wasserbad. Nach 10 Minuten ist das Öl verdunstet und das Paraffin gelöst, und die Schnitte können jetzt, ohne sich nur im geringsten zu verschieben, eingelegt werden in einer Weise, die in Kap. VI beschrieben werden soll. Die Löslichkeit des Schellacks in Alkohol erfordert, dafs, sollen die aufgeklebten Schnitte nicht wegschwimmen. Alkohol mit ihnen nicht mehr in Berührung kommen darf.

P. MAYER hat diese Methode in der Art modifiziert, dafs das Bestreichen mit Nelkenöl überflüssig wird. Man legt jetzt die Schnitte ohne weiteres auf die Schellackdecke und drückt sie leicht an. Nach Beendigung der Schnittanordnung bringt man den Objektträger in ein Gefäfs, in das er gerade hineinpafst, auf dessen Boden sich eine ganz kleine Quantität von Äther befindet. Man senkt das Gefäfs so, dafs die Ätherdämpfe die Schnitte berühren, nimmt nach einigen Sekunden den Objektträger heraus und bringt ihn, wie vorher, in den Wärmeschrank oder auf das Wasserbad. Die weitere Behandlung deckt sich mit der für die erste Methode zu beschreibenden.

b. **Eiweifslösung.** Diese unstreitig beste aller Aufklebemethoden für *einzeln zu färbende Schnitte* ist von P. MAYER in Neapel, dem die moderne Technik so viel verdankt, zuerst angegeben worden. Man nimmt das Weifse eines frischen Hühnereies, mifst seine Quantität im Mafscylinder, schlägt es zu Schnee, vermischt es mit dem gleichen Volumen Glycerinum purissimum und filtriert. Zur Verhütung von Fäulnis kommen einige Stückchen Kampher in die Lösung. Will man Schnitte aufkleben, so bringt man mit einem feinen Glasstabe ein ganz kleines Tröpfchen der Eiweifslösung auf das Deckglas (ich klebe stets auf dem Deckglase auf, weil die Nachbehandlung bequemer ist als beim Aufkleben auf den Objektträger) und verreibt es auf demselben so lange mit dem Finger, bis das Deckglas nicht mehr feucht, sondern nur noch klebrig ist. Dann legt man die Schnitte auf das Deckglas auf, drückt sie leicht an und bringt auf 10—15 Minuten das Ganze in den Wärmekasten oder auf das Wasserbad bei einer Temperatur von 56° C. Jetzt ist das Eiweifs geronnen und die Präparate kleben absolut fest. Ich bringe aus alter Gewohnheit das Deckglas nicht gleich warm in die das Paraffin lösende Flüssigkeit, sondern lasse erst abkühlen; doch dürfte das sofortige Einlegen des noch warmen Glases auch nicht schaden. Hat man das Eiweifs in der oben angegebenen Weise verrieben, dann tritt später keine oder nur minimale Mitfärbung desselben ein. Dem Anfänger wird freilich zuerst manches Präparat mifsglücken; entweder er nimmt zuviel Eiweifs und dann hat er nach dem Färben ein schmieriges Präparat, oder er nimmt zu wenig und dann schwimmen die Schnitte fort. Hier hilft erst Übung das richtige Mafs treffen.

Unbrauchbar dagegen ist die Eiweifsmethode, wenn man mit Flüssigkeiten färben will, die stark alkalisch sind; dann wird das Eiweifs gelöst und die Schnitte schwimmen fort.

c. **Kollodiumnelkenöl; Schällibaum.** Man mischt 1 Raumteil Kollodium mit 3 Raumteilen Nelkenöl, streicht von dem Gemisch ein wenig auf den Objektträger, legt die Schnitte auf und bringt für 5—10 Minuten auf ein Wasserbad, damit das Nelkenöl verdampft. Hat man zuviel der Mischung aufgestrichen, so schwimmen beim Abdampfen die Schnitte fort. Nach Beendigung des Aufklebens kann nachgefärbt werden.

d. **50 % Alkohol; Gaule.** Man befeuchtet das Deckglas mit dem genau 50 % Alkohol, legt die Schnitte auf und läfst 24 Stunden antrocknen. Dann zieht man das Deckglas zweimal schnell durch die Spiritusflamme und bringt auf 1/2 Minute in Terpentin. *Wenn* die

Methode gelingt, kleben die Schnitte ganz fest; meistens aber schwimmen sie fort.

e. **WEIGERT'sche Kollodiummethode.** Eine etwas umständliche Methode hat WEIGERT angegeben, um Schnitte von celloidinierten Gehirnen, die mit seiner Hämatoxylinfärbung behandelt werden sollen, aneinander zu kleben und sie dadurch gleichzeitig vor dem Brüchigwerden zu schützen, das in jenem Hämatoxylin stets eintritt. Die Methode bis zum Einlegen der Schnitte in die Färbeflüssigkeit besteht aus 4 Abschnitten.

1. Abschnitt. Präparation der Glasplatten. Grofse Glasplatten werden mit Kollodium überzogen, indem man auf die Mitte der wagerecht gehaltenen Platte Kollodium aufgiefst und dies gleichmäfsig nach allen Seiten laufen läfst. Man stellt dann die Platten auf die hohe Kante und läfst sie abtrocknen.

2. Abschnitt. Anfertigen der Schnittserien. Man bringt einen Schnitt auf einen Streifen Klosettpapier und legt jeden anderen Schnitt rechts daneben. Das Überführen auf das Papier geschieht so, dafs man den Streifen anspannt und unter das Messer führt, auf dem der Schnitt sich befindet. Um die Schnitte feucht zu halten, legt man den Streifen jedesmal, nachdem man einen Schnitt abgenommen, in einen flachen Teller, auf dem sich mehrere Bogen Fliefspapier befinden, die gut mit Spiritus durchfeuchtet sind. Die Oberfläche dieses Fliefspapiers darf nicht unter Spiritus stehen, da auf dieselbe der Streifen mit den Schnitten kommt. Auf jeden Streifen kommt nur eine Schnittreihe.

3. Abschnitt. Ablegen der Schnitte auf die Kollodiumplatte. Hat man eine genügende Anzahl von Schnittreihen angeordnet, so legt man jeden Klosettpapierstreifen, die Schnitte nach unten, auf die Kollodiumschicht, drückt sanft an und zieht das Papier ab. Die Schnitte haften jetzt. Überflüssigen Spiritus entfernt man durch Absaugen mittels 4facher Fliefspapierlage.

4. Abschnitt. Zweite Kollodiumschicht. Man giefst jetzt rasch, damit die Schnitte nicht vertrocknen, ein zweites Mal Kollodium auf die Platte, das man wie beim ersten Male sich verbreiten läfst. Will man noch nicht färben, so kommen die Platten in 80 $^0/_0$ Alkohol; will man aber die Farbflüssigkeit anwenden, so bringt man die Platte in dieselbe. Jetzt löst sich die Kollodiumschicht leicht ab und man hat nun einen Kollodiumlappen, mit dem man alles anfangen kann. Nach geschehener Aufhellung schneidet man mit der Schere den Lappen so zurecht, wie man ihn braucht.

f. **APÁTHY'sche Methode.** Eine andere Methode zur Serienanordnung für Celloidinschnitte ist von APÁTHY angegeben. Sie ist nur für durchgefärbte Objekte geeignet. Die bereits in Bergamottöl aufgehellten Schnitte werden auf einem der Gröfse des Deckglases entsprechenden Streifen Pergamentpapier in geeigneter Weise geordnet. Man legt dann den Streifen mit den Schnitten nach unten auf den Objektträger, drückt leicht und gleichmäfsig an und zieht das Papier ab. Die Schnitte bleiben dabei auf dem Objektträger kleben. Das überflüssige Öl wird mit etwas Fliefspapier abgetrocknet und man deckt ein.

Aufser den angeführten gibt es noch eine ganze Reihe anderer Methoden des Aufklebens, deren Anführung ich mir aber erspare, weil dieselben sich nie in weiteren Kreisen haben einführen können. Wer ein spezielleres Interesse daran nimmt, sei auf die BEHRENS'schen Tabellen verwiesen.

Kap. V. Die Methoden der Färbung.

Je nach den Absichten, die man beim Färben des zur mikroskopischen Untersuchung bestimmten Materiales verfolgt, richtet sich die Methode, nach welcher die Färbung vorzunehmen ist. Kommt es blofs darauf an, die einzelnen Bestandteile des Objektes deutlicher zu machen, als sie ungefärbt sich darstellen, so genügt es, einen einzigen Farbstoff anzuwenden, mit dem man das ganze Objekt auf einmal behandelt. Es ist dies die Methode der *Durchfärbung*. So verfährt man gewöhnlich bei Untersuchung von Embryonen, von ganzen Tieren oder von Organen, wenn es sich um morphologische Probleme handelt, wenn die innere Gestaltung des Embryo, des Tieres oder der morphologische Habitus des Organes erforscht werden sollen. Die Durchfärbung hat daher der Entwässerung und Einbettung des betreffenden Objektes voranzugehen.

Will man aber die feinere Struktur der ein Organ konstituierenden Elemente erkennen und will man die wahrscheinliche physiologische Dignität der ein Tier zusammensetzenden Organsysteme festzustellen versuchen, dann mufs man *Schnittfärbung* vornehmen. Die Zellen von Organen verschiedener physiologischer Funktion zeigen in der Regel, wenn auch nicht immer, ein verschiedenes Verhalten gegen Farbstoffe, und aus gewissen Affinitäten beider läfst sich ein Wahrscheinlichkeitsschlufs aufbauen. Es ist darum auch nötig, bei Schnittfärbung sich nicht mit einem Tinktionsmittel zu begnügen, sondern deren eine gröfsere Zahl *vergleichend* anzuwenden; und zwar sowohl solche, welche das Plasma, als auch solche, welche nur die Kerne färben. Wie Isolation und Schneiden, so ergänzen sich Durchfärben und Schnittfärben. Man kann aber eher die Durchfärbung als die Schnittfärbung entbehren, denn was durch jene erreicht werden *soll*, die gröfsere Verdeutlichung der Teile, das wird durch diese *tatsächlich* und viel ausgiebiger bewirkt. Der Vorzug der Schnittfärbung besteht auch noch darin, dafs die dadurch erzielten Bilder klarer, übersichtlicher und, meines Bedünkens, zuverlässiger sind, als diejenigen, welche die Durchfärbung liefert.

Bei der Schnittfärbung kann man jeden Farbstoff für sich allein verwenden, wenn derselbe nur deutlich differenzierte Bilder liefert. Häufig aber ist es wünschens- und empfehlenswert, mehr als einen Farbstoff auf einmal in Gebrauch zu nehmen, um die verschiedene physiologische Wertigkeit der einzelnen Teile in ein noch helleres Licht zu setzen, als dies durch einen Farbstoff möglich ist. Man nennt das *Doppelfärbung*. Bei derselben sind selbstverständlich die Tinktionsmittel so zu wählen, dafs sie sich ergänzen, dafs der eine Dinge färbt, die der andere nicht angreift, und umgekehrt.

Unter Umständen kann man sogar *Dreifachfärbung* anwenden. Doch wird man in der Kombination der Anzahl der Farbstoffe nicht zu weit gehen dürfen. Man erhält bei Dreifach- und noch mehr bei Vierfachfärbung schliefslich so bunte Bilder, dafs man vor lauter Distinktion der Färbung nichts mehr distinguieren kann. In dem Wirrwarr der verschiedenen Farbennuancen, — denn fast jeder einzelne Farbstoff zeigt an den Elementen, an denen er angreift, verschiedene Töne, — wird schliefslich für das Auge kein Halt mehr sein. Solche bunten Bilder erscheinen zu unruhig und stehen meines Erachtens dann selbst hinter den nach Durchfärbung erhaltenen zurück.

Während bei Schnittfärbung die Zeit, welche der Farbstoff zur Entfaltung seiner tinktorialen Eigenschaften braucht, selten 24 Stunden übersteigt, sind zur Durchfärbung je nach der Besonderheit des Farbstoffes und der Natur des Objektes oft mehrere Tage erforderlich. Kann man daher in ersterem Falle ohne Bedenken wässrige Flüssigkeiten nehmen, so wird man in letzterem, wenn irgend möglich, nur alkoholische anwenden.

Vielfach wird empfohlen, die Einwirkung gewisser Farbstoffe durch Erwärmung zu beschleunigen. Handelt es sich darum, geschwind ein Demonstrationsobjekt darzustellen, so wäre das allenfalls zulässig, wenngleich es mir bedenklich erscheint, dem Schüler ein Verfahren zu zeigen, das tatsächlich eine Ausnahme von der gewöhnlichen Prozedur ist. Denn allgemein in der Wärme zu färben, davon möchte ich abraten; die Bilder, die man warm erhält, sind, wie mich meine Erfahrung lehrt, bei weitem nicht so schön und klar, als die langsam bei Tagestemperatur erzielten.

Es gibt einige Methoden der Färbung, die ungemein kompliziert sind, wo man nach der Vorschrift des betreffenden Autors mit der Uhr in der Hand dasitzen mufs, um auf die Sekunde die einzelnen Manipulationen vorzunehmen; ich werde später einige solche erwähnen. Derartige Methoden verwerfe ich, nachdem ich sie geprüft, immer. Isolieren, Fixieren und Härten, Einbetten: das sind Verrichtungen, welche die ganze Aufmerksamkeit des Forschers in Anspruch nehmen und nehmen müssen, denn von ihrer sorgfältigen Ausführung hängt die Gewinnung guten Materiales ab, es sind *geistige* Verrichtungen. Schneiden aber, Aufkleben, Färben und Einlegen sind *mechanische* Prozeduren, bei deren Ausführung man nicht mehr Zeit, als unumgänglich nötig, aufzuwenden genötigt sein sollte. Wenn man durch die Lage der Untersuchung gezwungen ist, viele hundert Schnitte anzufertigen, wozu schon eine beträchtliche Zeit gehört, dann mufs man nicht noch nötig haben, jeden einzelnen Schnitt oder jedes Deckglaspräparat so genau abzuwarten, wie es manche Vorschrift verlangt. Diejenigen Färbungsmethoden sind daher am besten, die am wenigsten Handreichungen benötigen, wo man einfach den Schnitt in die Farbstoffflüssigkeit bringt und ihn, gleichgiltig ob nach einer Stunde oder nach einem Tage, aus derselben entnehmen kann, ohne eine Überfärbung befürchten zu müssen, die sich nur durch *eingreifende* Manipulationen redressieren läfst. Dafs das Hämatoxylin ein solcher Farbstoff ist, der einiger Abwartung bedarf, ist der einzige Nachteil, der ihm anhaftet.

Objekte, die *durchgefärbt* werden sollen, kommen aus dem 80 °/₀ oder 90 °/₀ Alkohol, in welchem sie verweilen, in die Farbstofflösung, werden nach einiger Zeit aus derselben herausgenommen, schnittfertig gemacht und geschnitten.

Bereits angefertigte und aufgeklebte *Schnitte* aber — und man sollte Schnitte, nur wenn sie aufgeklebt sind, färben, wenn es sich nicht um Celloidinpräparate, die vom Messer direkt in den Farbstoff kommen, handelt — müssen vorher noch einigen Manipulationen unterzogen werden.

Zunächst mufs man das Paraffin entfernen. Die Deckgläser, auf welchen die Schnitte aufgeklebt sind, kommen auf 10—15 Minuten in Terpentinöl oder auf kürzere Zeit in Xylol. Letzteres löst das Paraffin schneller als das erstere, ist aber auch bedeutend teurer.

Aus dem Terpentin oder Xylol werden die Präparate in ein Uhrschälchen mit 96 °/₀ Alkohol übergeführt. In den öligen Flüssigkeiten waren sie ganz durchsichtig geworden, im Alkohol, der dieselben austreibt, werden sie wieder undurchsichtig. Die Zeit, die zur Austreibung der das Paraffin lösenden Flüssigkeiten erforderlich ist, beträgt etwa 5 Minuten. Dann kommen sie in rascher Reihenfolge in 80 °/₀, 70 °/₀, 50 °/₀ Alkohol und endlich in den Farbstoff. Die allmähliche Verminderung der Alkoholkonzentration ist notwendig, damit die beim Einbringen in die wässrigen Farbstofflösungen entstehenden Diffusionsströmungen nicht zu heftig sind. In alkoholische Farbstofflösungen werden die Präparate direkt aus dem 96 °/₀ Alkohol übergeführt.

Ich wende mich jetzt zu den einzelnen Farbstoffen. Zuerst soll Karmin, dann Haematoxylin, dann die Anilinstoffe und endlich die Doppel- und Mehrfachfärbungen beschrieben werden.

α. **Karmin.** GERLACH hat diesen wertvollen Farbstoff, den vor ihm schon die Botaniker verwandten, in die histologische Technik eingeführt. Es existiert für die Anwendung desselben eine grofse Anzahl von Vorschriften, von denen viele, z. B. Beales Karmin, Essigkarmin, meines Erachtens nur noch historischen Wert haben. Hier sollen nur die wirklich brauchbaren Erwähnung finden.

1) **Ammoniakalisches Karmin.** 1 gr. gepulverten Karmins wird in 100 ccm. destillierten Wassers durch Zusatz von einigen Tropfen Ammoniak gelöst. Nach dem Filtrieren bleibt die Flüssigkeit in einer offenen Schale so lange an der Luft stehen, bis der Ammoniakgeruch verschwunden ist, und wird dann von neuem filtriert. Präparate in dieser Lösung gefärbt, werden in Wasser, das mit etwas Essigsäure angesäuert ist, ausgewaschen. Man erhält eine sehr intensive rote Färbung, doch zeigen Zellsubstanz und Kern verschiedene Nuancen. Zur Färbung des Zentralnervensystems, sowie zur Sichtbarmachung des Achsencylinders ist es eins der besten Reagentien. Zu diesem Zwecke bringt man nach GERLACH einige Tropfen der konzentrierten Lösung in 50 ccm. Wasser, so dafs eine hell rosenrote Farbe entsteht (etwa die des sogenannten Rosenliqueurs). Darin bleiben die Schnitte 24 Stunden bis 3 und 4 Tage. Abwaschen in angesäuertem Wasser. Aufbewahrung beliebig. Schnitte, die mit Eiweifs aufgeklebt sind, schwimmen in diesem Karmin fort, weil das in ihm enthaltene Ammoniak das Eiweifs löst.

2) **Lithionkarmin; ORTH.** 2,5 gr. Karmin werden in 100 ccm. kalt gesättigter, wässriger Lösung von Lithium carbonicum aufgelöst. Zur Differenzierung kommen die Schnitte direkt für einige Zeit in salzsauren Alkohol (1 Teil Salzsäure auf 100 Teile 70 °/₀ Alkohol). Aufbewahrung beliebig. Dieser Farbstoff ist bei Schnitten, die mit Eiweifs aufgeklebt sind, nicht zu verwenden, da er dasselbe auflöst.

3) **Salzsaures Karmin; P. MAYER.** 4,0 gr. Karmin werden in

15 ccm. Aqua destillata und 30 Tropfen reiner Salzsäure durch Kochen gelöst. Nach dem Erkalten werden 95 ccm. Alkohol von 96 %/₀ zugesetzt. (Mayer empfiehlt zwar 85 %/₀ Alkohol zu nehmen; indessen halte ich es für richtiger, bei Farbflüssigkeiten, die wie diese zum Durchfärben bestimmt sind, stets 96 %/₀ Alkohol zu nehmen, damit die Flüssigkeiten stark alkoholisch sind und so gleichzeitig Wasser entziehend wirken.) Jetzt wird filtriert und mit liquor ammonii caustici vorsichtig neutralisiert. Das Material kommt auf 24 Stunden und länger in die Lösung. Will man reine Kerntinktion haben, so werden die durchgefärbten Stücke in salzsauren Alkohol von 96 %/₀ (1 Salzsäure auf 1000 Alkohol) übergeführt; der Alkohol wird so lange gewechselt, bis kein Farbstoff mehr ausgeht. Will man aufser der Kerntinktion noch Plasmafärbung, so nimmt man zum Auswaschen reinen 96 %/₀ Alkohol, der ebenfalls so lange gewechselt wird, bis er sich nicht mehr rot färbt, was oft Tage in Anspruch nimmt. Für Schnittpräparate ist dies Karmin nicht geeignet, da das Eiweifs sich sehr stark mitfärbt, für Durchfärbung vorzüglich.

4) **Alkoholisches Boraxkarmin; GRENACHER.** 2—3 gr. Karmin werden mit 4 gr. Borax in 100 ccm. Aqua destillata gekocht und nach dem Erkalten mit dem gleichen Volumen 96 %/₀ Alkohol vermischt. Dann wird filtriert. Nur zum Durchfärben geeignet. Die Objekte kommen auf 1—3 Tage und länger in die Lösung und dann direkt in salzsauren Alkohol (1 pro mille) von 96 %/₀. Hierin bleiben sie so lange, oft Tage lang, bis kein Farbstoff mehr ausgeht. Gute Kern- und leichte Plasmafärbung.

5) **Wässriges Boraxkarmin; GRENACHER.** 2 gr. Borax mit ³/₄—1 gr. Karmin in 100 ccm. Aqua destillata gekocht. Nach dem Erkalten vorsichtiges und tropfenweises, unter stetem Umrühren, Zusetzen von Essigsäure, bis die Färbung des ammoniakalischen Karmins erreicht ist. War das Karmin nach dem Kochen nicht klar gelöst, so mufs vor dem Essigsäurezusatz filtriert werden. Nach dem Essigsäurezusatz überläfst man die Lösung 24 Stunden sich selber und filtriert durch ein mehrfaches Filter. Die Filtration geht sehr langsam vor sich. Die Schnitte bleiben in der Farblösung 5 Minuten bis 24 Stunden. Dann werden sie flüchtig in destilliertem Wasser abgespült und mit salzsaurem Alkohol (1 pro mille) von 96 %/₀ so lange behandelt, bis keine Farbstoffwolken mehr aus dem Schnitt entweichen. Aus dem salzsauren kommen sie in reinen Alkohol. Art des Einlegens gleichgültig. Gute Kerntiktion, schwache Plasmafärbung.

6) **Wässriges Alaunkarmin; GRENACHER.** 3 gr. gepulverten Alauns werden mit 1 gr. Karmin in der Reibschale verrieben und dann in 100 ccm. Wasser 10—20 Minuten gekocht; nach dem Erkalten wird filtriert. Die Lösung schimmelt leicht, daher mufs man eine Spur Karbolsäure zusetzen. Die Schnitte bleiben in der Lösung 10 Minuten bis 24 Stunden; Auswaschen in Wasser; Art des Aufhebens gleichgiltig. Es tritt nie Überfärbung ein. Dies Reagens ist eins der besten Kerntinktionsmittel, denn nur die Kerne sind gefärbt, und zwar violett, allenfalls noch quergestreifte Muskeln und Knochengrundsubstanz; diese beiden rötlich.

7) **Alkoholisches Alaunkarmin; MÄHRENTHAL.** Zur Verhütung der Schimmelbildung setzt Dr. v. MÄHRENTHAL, der mir diese Modi-

fikation der vorigen Methode gütigst mitgeteilt hat, zu 4 Volumina GRENACHER'schen Alaunkarmins 1 Volumen Alkohol von 96 %. Es mufs wiederholt filtriert werden, weil etwas Karmin und Alaun durch den Alkoholzusatz ausfallen. *Nur* Schnittfärbung; Auswaschen in Wasser.

8) **Alauncochenille; CZOKOR.** 7 gr. Cochenille und 7 gr. gebrannten Alauns werden zu einem feinen Pulver zerrieben, dann in 700 ccm. Aqua destillata gekocht und schliefslich bis 400 ccm. eingedickt. Sehr häufiges Filtrieren nötig. Zur Verhütung von Schimmelbildung Zusatz einer Spur Karbolsäure. Die Lösung wird vielfach gerühmt, doch ist sie meiner Erfahrung nach sehr unzuverlässig, da trotz wiederholten Filtrierens sich Farbstoffkörnchen im Präparate niederschlagen.

β. **Hämatoxylin.** Dieser Farbstoff kommt in zwei Hauptmethoden zur Verwendung. Erstens als eigentliches Kernfärbemittel, das auch das Plasma leicht tingiert. Die zweite Verwendungsart besteht darin, dafs das Gewebe mit Hämatoxylin überfärbt und der Farbstoff durch ein anderes Reagens ausgezogen wird, so dafs jetzt entweder eine gleichmäfsige Färbung von Plasma und Kern eintritt, jedoch mit deutlicher und charakteristischer Nuancirung der einzelnen Elemente des gefärbten Objektes, oder dafs bei fast vollständiger Entfärbung des ganzen Schnittes ganz bestimmte Elemente allein deutlich gefärbt hervortreten.

Für das Hämatoxylin als *Kernfärbemittel* existieren folgende Vorschriften:

9) **Alaunhämatoxylin; BÖHMER.** 0,35 gr. Hämatoxylin werden in 10 ccm. absoluten Alkohols gelöst. Davon kommen einige Tropfen in eine Lösung von 0,1 gr. Alaun in 30 ccm. Aqua destillata, bis eine schöne violette Färbung entsteht.

10) **Alaunhämatoxylin; FREY.** 1 gr. Hämatoxylin wird in 30 ccm. absoluten Alkohols gelöst. Davon werden einige Tropfen in eine Lösung von 3,0 gr. Alaun in 100 ccm. Wasser gegeben, bis eine tief violette Farbe entsteht.

11) **Alaunhämatoxylin; DELAFIELD** (citiert nach BEHRENS). Fälschlich GRENACHER'sches Hämatoxylin genannt. 4 gr. Hämatoxylin werden in 25 ccm. absoluten Alkohols gelöst und kommen dann in 400 ccm. einer konzentrierten wässerigen Ammonalaunlösung. Man läfst die Mischung 3—4 Tage offen am Lichte stehen, filtriert und fügt je 100 ccm. Glycerin und Methylalkohol zu, läfst einige Zeit stehen und filtriert von neuem. Zum Gebrauch wird ein Quantum davon nach Belieben mit Wasser verdünnt. Beim Studium von Zellteilungserscheinungen nach RABL'scher Fixierung (Kap. II Nr. 25) werden die mit diesem Hämatoxylin gefärbten Präparate in Methylalkohol untersucht.

12) **Alaunhämatoxylin; RENAUT-FRIEDLÄNDER** (citiert nach BEHRENS). 2 gr. Hämatoxylin, 2 gr. Alaun werden in einer Mischung von je 100 ccm. Glycerin, Aqua destillata und Alkohol gelöst. Zur Differenzierung ist ein Einlegen in salzsäurehaltigem Alkohol nötig.

13) **Glycerinalaunhämatoxylin.** Um die bei dem RENAUT-FRIEDLÄNDER'schen Hämatoxylin nach BEHRENS' Angabe notwendige

Nachbehandlung in salzsaurem Alkohol zu vermeiden, sowie ferner in der Absicht, den Alkohol bei der Zubereitung des Farbstoffes für histiologische Zwecke ganz auszuschliefsen und eine möglichst leicht herstellbare Lösung zu schaffen, *stelle ich mir* seit langem *in folgender Weise ein Hämatoxylin dar:* 1 gr. Hämatoxylin, 1 gr. gepulverten Alauns werden in 65 ccm. Aqua destillata und 35 ccm. Glycerin gelöst. Man schüttelt im Anfang häufig um, mufs aber dann etwa 14 Tage warten, bis alles vollständig gelöst ist. Die Färbung mit *dieser* Mischung zeigt einen glänzenderen und leuchtenderen Ton, als er nach Anwendung von BÖHMERS oder FREYS Hämatoxylin erreicht wird. Ich kann daher meine Modifikation sehr empfehlen.

14) **Eisessigalaunhämatoxylin:** EHRLICH (citiert nach BEHRENS). 2 gr. Hämatoxylin werden in 10 ccm. Eisessig, je 100 ccm. Glycerin, Alkohol absolutus und Wasser gelöst und Alaun im Überschufs hinzugefügt. Gutes Reagens, das auch zum Durchfärben sich eignen soll.

15) **Alaunhämatoxylin;** KLEINENBERG. Man macht drei Lösungen: 1) gesättigte Lösung von krystallisiertem Chlorcalcium in 70 %₀ Alkohol, dazu so viel Alaun, als sich lösen will. 2) gesättigte Lösung von Alaun in 70 %₀ Alkohol. Lösung 2 wird mit Lösung 1 im Verhältnis 8:1 gemischt. 3) Konzentrierte Lösung von Hämatoxylin entweder in Alkohol oder in der Lösung 1. Von der Hämatoxylinlösung werden einige Tropfen zu der Mischung von 1 und 2 gegeben (citiert nach GIERKE, Färberei zu mikroskopischen Zwecken). Soll sich zur Durchfärbung eignen, doch müssen die Objekte ganz säurefrei sein.

An diese Vorschriften will ich *einige allgemeine Bemerkungen über ihre Anwendung* knüpfen. Ob dieselben auch für DELAFIELD'-sches, RENAUT-FRIEDLÄNDER'sches und KLEINENBERG'sches Hämatoxylin Giltigkeit haben, weifs ich nicht; ich habe über diese Reagentien keine Erfahrung. Nach welchem der Rezepte, die unter 9, 10, 13 und 14 erwähnt wurden, man auch eine Alaunhämatoxylinlösung sich hergestellt hat, zuerst ist der Farbstoff hellviolett und fast ohne Wirkung auf die tierischen Gewebe. Man mufs ihn daher erst *ausreifen* lassen, d. h. man mufs so lange warten, bis die Mischung unter der allmählichen Einwirkung des *diffusen* Tageslichtes tief dunkelviolett geworden ist, ehe man sie mit Erfolg anwenden kann. Das dauert stets lange, circa 14 Tage und mehr. Ferner ist eine Bedingung für die Hämatoxyline, dafs sie in gut verkorkten Flaschen vor dem direkten Sonnenlichte möglichst geschützt aufbewahrt werden, weil sie sonst leicht verderben.

Die Einwirkung der Farbstofflösung auf den Schnitt, und die in diesem Passus erwähnten Hämatoxyline sind *nur zur Schnittfärbung* geeignet, darf bei BÖHMERS, FREYS und *meiner* Vorschrift 8 Minuten nicht übersteigen, in der Regel genügen 2–5 Minuten, weil sonst Überfärbung eintritt, infolge deren nichts mehr zu erkennen ist. In EHRLICHS Hämatoxylin dagegen können die Schnitte längere Zeit, bis zu ½ Stunde verweilen, weil in demselben die Färbung langsamer erfolgt. Je dunkler das Hämatoxylin ist, desto schneller wirkt es im allgemeinen ein. Wie lange man die Schnitte zu färben hat, das lernt man leicht durch Übung.

Die Hämatoxyline, die nach BÖHMERS, FREYS, DELAFIELDS oder nach *meiner* Vorschrift hergestellt sind, sind jedesmal vor dem Gebrauche zu filtrieren, d. h. man giefst in ein Uhrschälchen oder eine Glasdose die zu verwendende Quantität durch ein Faltenfilter; das ist bei EHRLICHS Hämatoxylin nicht nötig.

Ist die Färbung beendigt, so müssen die Präparate abgewaschen werden, was am besten in gewöhnlichem Wasser geschieht. Ich habe nämlich die Beobachtung gemacht, dafs Hämatoxylinpräparate in gewöhnlichem Wasser abgewaschen eine viel klarere, distinktere und leuchtendere Färbung zeigen, als solche, die man in Aqua destillata abgespült hat.

Damit Hämatoxylinfärbungen haltbar sind, ist es notwendig, dafs die zu färbenden Objekte vollständig säurefrei sind; in Schnitten, die von nicht säurefreiem Material herrühren, blafst das Hämatoxylin allmählich aus. Die Säuren wirken nämlich auf den Farbstoff bleichend ein, daher mufs man auch überfärbte Schnitte in eine ganz dünne Essigsäure bringen. Man hat dabei den Grad der Entfärbung sorgfältig zu beachten; ist derselbe erreicht, so mufs wieder längere Zeit in gewöhnlichem Wasser ausgewaschen werden.

Diese Nachteile, die Möglichkeit der Überfärbung und die daher notwendige Überwachung der Tinktion, die Vergänglichkeit in säurehaltigem Materiale sind indessen bei weitem überwogen durch die Schönheit und Klarheit der erhaltenen Bilder. Die Kerne werden intensiv dunkelblau gefärbt, während alle übrigen Teile der zu untersuchenden Gewebe ein schwaches Blau zeigen, das sich an den verschiedenen Gewebsarten in verschiedener Nuancierung zeigt. Mucinhaltige Drüsen, namentlich wirbelloser Tiere, zeigen eine intensive Bläuung, doch ist der Kern der Drüsenzellen stets deutlich zu sehen.

Die *zweite Verwendungsart* des Hämatoxylins ist von HEIDENHAIN erfunden und dann in der verschiedensten Weise von verschiedenen Autoren modifiziert worden.

16) HEIDENHAIN'sche Hämatoxylinfärbung. Man stellt sich eine $\frac{1}{2}$ % wässerige Lösung von Hämatoxylin dar. Da dasselbe sich bei gewöhnlicher Temperatur schwer in blofsem destillierten Wasser löst, kann man leicht über der Flamme erwärmen. Die Lösung braucht keine Zeit zum Ausreifen und kann daher frisch verwandt werden. Bei längerem Stehen im Lichte wird sie häufig flockig und ist dann unbrauchbar. In ein nicht zu geringes Quantum dieser Lösung kommen die in verschiedenster Weise fixierten und in Alkohol nachgehärteten Objekte auf 24—48 Stunden. Dann werden sie direkt übergeführt in ein ebenso grofses Quantum einer $\frac{1}{2}$ % wässrigen Lösung des einfach chromsauren Kali, also des neutralen gelben Salzes. Alsbald nach der Überführung beginnen aus dem Präparate dunkelblauschwarze Farbstoffwolken zu entweichen, die allmählich eine solche Intensität erlangen, dafs man das Präparat nicht mehr sehen kann. Man mufs daher das chromsaure Kali mehrmals wechseln. In demselben verbleiben die Objekte ebenfalls 24—48 Stunden, mindestens aber so lange, bis keine Farbstoffwolken mehr entweichen. Dann werden sie sehr sorgsam ausgewaschen, langsam erhärtet, entwässert und in Paraffin eingeschmolzen. So behandelte Objekte sind dunkelschwarz, die von ihnen anzufertigenden Schnitte müssen daher äufserst fein sein, mehr als 5 μ Dicke dürfen sie keineswegs besitzen, weil sonst nichts zu sehen ist. Das Bild, das ein von einem derartigen Präparate

gemachter Schnitt darbietet, gleicht nach HEIDENHAINS Ausdruck einem „gut ausgeführten Holzschnitte". In dünnen Schnitten hat man ein bläulichschwarzes, gleichmäfsiges Kolorit, das sich in feinster Nuance an den verschiedenen Gewebselementen abstuft; die Kerne sind hell, ihre Strukturen deutlich zu erkennen. Bei drüsigen Organen wirbelloser Tiere erhält man ausgezeichnete Bilder. Nach FLEMMING kann man solche Schnitte in Alauncarmin mit Vorteil nachfärben.

17) APÁTHY'sche Hämatoxylinfärbung. Um den Übelstand, der der HEIDENHAIN'schen Methode dadurch anhaftet, dafs die Objekte aus dem Alkohol entnommen und einer mehrtägigen Einwirkung von wässrigen Medien unterworfen werden müssen, zu beseitigen, hat APÁTHY folgende Modifikation angegeben. Das Material kommt in eine $^1/_2$ $^0/_0$ alkoholische Hämatoxylinlösung (alkoholische Hämatoxylinlösungen müssen ausreifen) für etwa 24 Stunden. Dann werden sie für die gleiche Dauer in eine alkoholische Lösung des doppelchromsauren Kali übergeführt — dieses Salz hatte HEIDENHAIN zuerst an Stelle des neutralen verwandt —; APÁTHY stellt sich letztere so dar, dafs er einer 5 $^0/_0$ wässrigen Lösung von Kali bichromicum etwa das doppelte Volumen starken Alkohols zusetzt. Da durch den Alkohol das Chromsalz ausfällt, so mufs die Auslaugung des Hämatoxylins im Dunkeln vorgenommen werden. Der Farbenton ist derselbe wie bei der eigentlichen HEIDENHAIN'schen Färbung.

18) BENDA'sche Eisenhämatoxylinfärbung. Schnitte vom Zentralnervensystem (und *nur* für dieses Organ ist diese Modifikation des HEIDENHAIN'schen Verfahrens anwendbar), die in reiner Pikrinsäure erhärtet sind, kommen zunächst auf Minuten bis Stunden in eine konzentrierte Lösung von schwefelsaurem Eisenammonium, werden dann sehr sorgfältig in destilliertem Wasser gewaschen und in eine 1 $^0/_0$ wässrige Hämatoxylinlösung übergeführt. Hier bleiben sie, bis sie schwarz sind, was etwa nach 10 Minuten der Fall ist. Darnach kommen sie auf etwa 5 Minuten in eine Lösung der Chromsäure von 1 : 2000. Nach gutem Auswaschen werden sie vor dem Einlegen wie alle Schnitte behandelt. Soll für Ganglienzellen von Wert sein. Farbenton wie bei der HEIDENHAIN'schen Methode.

18a) BENDA'sche Kupferhämatoxylinfärbung. Sich anlehnend an die von WEIGERT angegebene Kupferung von Objekten, die in MÜLLER'scher Lösung fixiert sind, hat BENDA für solches Material, das in FLEMMING'scher Lösung fixiert wurde, folgendes Verfahren ersonnen: Die Schnitte kommen in eine konzentrierte wässrige Lösung von neutralem Cuprum aceticum und bleiben 24 Stunden in derselben im Brütofen bei Brüttemperatur. Nach gutem Auswaschen werden sie in eine 1 $^0/_0$ wässrige Hämatoxylinfärbung übergeführt, verweilen darin, bis sie schwarz geworden sind, und kommen dann zur Entfärbung in eine Salzsäurelösung von 1 : 300—500 Wasser. Hierin bleiben sie, bis sie gelb sind, welcher Zeitpunkt sehr genau abzupassen ist. Nachher werden sie zur Neutralisierung der Säure von neuem in die Kupferlösung übertragen, bis sie bläulich sind, und sorgfältig gewaschen. Farbenton wie bei HEIDENHAIN. Zum Studium der Spermatogenese geeignet.

19) WEIGERT'sche Hämatoxylinfärbung. Diese Methode ist die wertvollste Errungenschaft der letzten Zeit zur Untersuchung des

Zentralnervensystems der Wirbeltiere. Das ganze vorher in Celloidin eingebettete und auf Kork aufgeklebte Gehirn kommt aus dem Alkohol auf 24—72 Stunden in eine konzentrierte wässrige Lösung von Cuprum aceticum. Das Gefäfs, welches Präparat und Flüssigkeit enthält, wird auf die genannte Dauer der Temperatur des Brütofens unterworfen (37°—38°C.). Geglückt ist die Kupferung, wenn das Celloidin einen bläulichgrünen Farbenton hat. Nach der Kupferung wird sorgfältig in destilliertem Wasser ausgewaschen und dann in 70 % oder 80 % Alkohol überführt. Die Schnitte von Gehirn und Rückenmark, und *nur* für diese Organe ist die Methode verwertbar, werden 24 Stunden in einer *Lithionhämatoxylinlösung* gefärbt, die folgendermafsen hergestellt wurde. Hämatoxylin 1 gr. Aqua destillata 90 ccm. Alkohol absolutus 10 ccm. und kalt gesättigte wässrige Lösung von Lithion carbonicum 1 ccm. Man löst das Hämatoxylin im Wasser durch Erwärmen und fügt nach dem Erkalten den Alkohol hinzu. Das Lithion carbonicum wird erst unmittelbar vor dem Gebrauche beigemischt, weil sonst die Lösung bei längerem Stehen verderben würde; sie würde braun, statt rötlichviolett sein. Nach 24 stündigem Verweilen in der Färbeflüssigkeit werden die Schnitte in gewöhnlichem Wasser abgewaschen und werden dann in folgende *Entfärbungsflüssigkeit* gebracht: Ferridcyankalium 2,5 gr, Borax 2.0 gr. Aqua destillata 100 ccm. In dieser Flüssigkeit tritt die Entfärbung und Differenzierung sehr schnell ein, in etwa 15 Minuten. Es ist aber besser, langsam zu entfärben, und man kann zu diesem Zwecke die Entfärbungsflüssigkeit mit dem gleichen, doppelten oder dreifachen Volumen destillierten Wassers verdünnen und so die volle Entfärbung bis zu 24 Stunden verzögern. Im allgemeinen ist zu bemerken, dafs die Ferridcyankaliumlösung im Anfange sehr schnell wirkt, dafs aber die letzten Reste des Farbstoffes vor vollendeter Differenzierung sehr langsam entweichen. Nach beendeter Einwirkung wird sorgsam in Wasser ausgewaschen; die weitere Behandlung cfr. das folgende Kapitel. Der *Endeffekt* dieser Methode ist der, *dafs nur die markhaltigen Nervenfasern sich gefärbt haben*, und zwar in gelungenen Präparaten dunkelblau mit einem leichten Stich in's Grünliche, alles andere ist braun oder gelbbraun. Zwar sind die Nervenzellen noch zu erkennen, indessen nur als strohgelbe oder braune Gebilde; bei Anwendung schwacher Systeme aber, wie sie beim Studium des Faserverlaufes in Gehirn und Rückenmark allein gebraucht werden, treten alle Elemente gegen die Nervenfasern zurück und deren Verteilung im Gehirn und Rückenmark ist daher der Beobachtung in einer Weise zugänglich gemacht, wie bei keiner anderen Methode. Die WEIGERT'sche Färbung hat daher alle früher üblichen Behandlungen, namentlich die Vergoldungen, vollständig verdrängt.

Der einzige Übelstand, der dem Verfahren anhaftet, ist, dafs die Schnitte in Hämatoxylin brüchig werden. Zur Vermeidung desselben ist von dem gleichen Autor die in Kap. IV sub e beschriebene Kollodiummethode angegeben.

Um, wenn es notwendig sein sollte, noch eine Kernfärbung zu erhalten, kann man die in Ferridcyankalium entfärbten Schnitte in **Alaunkarmin** nachfärben.

20) **PAL'sche Hämatoxylinfärbung.** Als eine Modifikation der WEIGERT'schen Färbung ist die von PAL anzusehen, zu deren Ausführung, da dieselbe mit Sekunden rechnet, es notwendig ist, die

Kap. V. Die Methoden der Färbung. 47

einzelnen Schnitte mit Kollodium nach WEIGERT (Kap. IV sub c) aneinander zu kleben. Die Schnitte vom *Zentralnervensystem* kommen in eine $^{3}/_{4}$ $^{0}/_{0}$, heifs bereitete, *wässrige Hämatoxylinlösung*, der nach dem Erkalten *Alkohol*, etwa im Verhältnis wie es WEIGERT angegeben, zugesetzt wird; auf je 100 ccm. werden dann noch 2 ccm. *kalt gesättigter wässriger Lithion carbonicum-Lösung* zugefügt. Nach der Färbung, also nach etwa 5—6 Stunden wird in Wasser, dem etwas Lithion carbonicum zugesetzt ist, abgewaschen. Darauf kommen die Schnitte für 15—20 Sekunden in eine $^{1}/_{4}$ $^{0}/_{0}$ Lösung von Kali hypermanganicum und dann bis zur vollständigen Entfärbung des Zwischengewebes in folgende *Entfärbungsflüssigkeit:* 1 gr. Acidum oxalicum, 1 gr. Kali sulfurosum in 200 ccm. Aqua destillata gelöst. Man kann zur Kerntinktion in Alaunkarmin nachfärben. Die markhaltigen Nervenfasern sind hellblau und heben sich scharf von den Zellen und rot gefärbten Kernen ab.

21) KULTSCHITZKY'sche Hämatoxylinfärbung. In eine Mischung von 20 ccm. einer gesättigten Borsäurelösung und 80 ccm. destillierten Wassers giefst man 1 gr. in einer geringen Quantität absoluten Alkohols gelösten Hämatoxylins. Die Lösung braucht 2—3 Wochen zum Ausreifen und ist dann erst brauchbar. Vor Anwendung tut man 2—3 Tropfen Essigsäure in ein Uhrschälchen voll dieser Lösung. Für *Zentralnervensystem*, das in MÜLLER'scher oder ERLICKI'scher Flüssigkeit fixiert, in Alkohol erhärtet und in Celloidin eingebettet war. Die Schnitte bleiben in der Lösung 18—24 Stunden, dann Abwaschen in Alkohol. Die markhaltigen Nervenfasern sind ausschliefslich und zwar blau gefärbt, alles übrige fast farblos oder leicht gelblich. Bedingung für das Gelingen der Färbung ist die Ansäuerung mit Essigsäure.

Noch einfacher ist folgende Mischung *desselben Autors*, die den gleichen Effekt haben soll. 2 $^{0}/_{0}$ Essigsäure 100 ccm, Hämatoxylin, in einer keinen Quantität absoluten Alkohols gelöst, 1 gr. Diese Mischung braucht *sehr* lange Zeit zum Ausreifen. Darin Färben bis 24 Stunden. Auswaschen in Alkohol. Für *Zentralnervensystem* der Wirbeltiere.

γ. **Anilinfarben.** Seit WALDEYER und FREY im Jahre 1863 gleichzeitig und unabhängig voneinander das Fuchsin für histologische Zwecke zuerst verwandten, sind eine Überfülle von Anilinstoffen von verschiedensten Forschern empfohlen worden, so dafs wir gegenwärtig daran an einem embarras de richesse leiden. Mit wenigen Ausnahmen habe ich alle geprüft, will aber in den folgenden Zeilen nur diejenigen anführen, die meines Erachtens wirklich histologisch verwertbare Resultate geben. Manche Stoffe, die vielleicht für bakteriologische Untersuchungen von Wert sind oder bei pathologischen Präparaten brauchbare Bilder liefern, sind doch für histologische Zwecke sensu strictiori nicht sehr geeignet. Teils darum, weil bei ihrer Anwendung so überaus penibel verfahren werden mufs, wie z. B. bei der noch zu erwähnenden Gentianaviolettfärbung nach BIZZOZZERO und VASSALE, teils weil die mit einigen Farben erhaltenen Bilder nicht dauerhaft sind und in nichts die Tinktionen übertreffen, die man mit anderen haltbaren Anilinstoffen erhält. Zu den letzteren, nur wenig verwertbaren Anilinen rechne ich die grünen, zu den ersteren, den umständlichen, die violetten Farben. Alle beide sind aber auch noch dadurch ausgezeichnet, daß sie weit mehr Neigung zeigen, die Hände des Arbeitenden ziemlich waschecht zu färben, als im Präparate den gewünschten Effekt hervorzubringen.

Die Methode der Anilinfärbung ist zuerst durch E. HERMANN und FLEMMING und durch EHRLICH gründlich ausgearbeitet worden, von den ersteren für histologische, von dem letzteren namentlich für bakteriologische Zwecke. Das Prinzip ist kurz das der *maximalen Überfärbung* und der darauf folgenden *maximalen Entfärbung*. E. HERMANN und FLEMMING haben das Verfahren so entwickelt, daß sie in alkoholischen, zum Gebrauch mit Wasser verdünnten Lösungen färbten und dann so lange in Alkohol extrahierten, bis keine Farbstoffwolken mehr aus dem Präparat entwichen. Sie erhielten dann reine und *dauerhafte* Kernfärbungen, in denen die Kernstrukturen auf das deutlichste sichtbar gemacht waren. So verfahre ich nur, wenn ich Fuchsin und Safranin verwende. Sonst aber stelle ich mir eine konzentrierte *wässrige* Lösung des betreffenden Farbstoffes dar, färbe in demselben 24 Stunden lang, wasche dann flüchtig in Wasser ab und ziehe nun mit Alkohol von 96 % aus, so lange noch Farbstoff ausgeht. Der Unterschied beruht also nur darin, daß ich rein wässrige Lösungen nehme, deren Konzentration gleichgiltig ist, denn auf eine Prise Farbstoff mehr oder weniger kommt es tatsächlich nicht an; sonst aber ist das Vorgehen genau dasselbe, wie es im Prinzip von E. HERMANN und FLEMMING ausgebildet worden.

Die sogenannten *basischen* Anilinfarben, die wesentlich Kerntinktionsmittel sind, haben noch eine Eigenschaft, die ich hier erwähnen will. *Sie zeigen* nämlich *eine ungemeine Affinität zu Mucin*. Stark mucinhaltige Organe werden in ihnen äußerst intensiv und dauerhaft gefärbt, während sie das Plasma nicht mucinhaltiger Organe ganz oder fast ganz verschonen. Sie dürften daher zur Erkennung der physiologischen Dignität mancher Drüsen, namentlich bei Evertebraten, wo das Experiment schwer ausführbar ist, von großem Werte sein. Wie schon im Vorwort bemerkt, beziehen sich diese Angaben nur auf die Aniline, die durch die Institute von Dr. GRÜBLER bezw. G. KÖNIG zu erhalten sind. Namentlich ist das betreffs des Bismarckbrauns der Fall. Dieser Farbstoff, wenn ich nicht irre, aus der Berliner Anilinfabrik stammend, ist ein ganz anderer wie derjenige, der unter demselben Namen z. B. von MERK bezogen wird. Letzteres Bismarckbraun, das ich in der zoologischen Station zu Neapel kennen lernte, hat die an ersterem zu rühmenden Eigenschaften nicht.

Es sollen nun zuerst die beiden meines Erachtens allein anwendbaren *Plasma* färbenden Anilinstoffe erwähnt werden, dann die basischen und endlich das Säurefuchsin nach der WEIGERT'schen Methode.

22) **Eosin.** Färbt in konzentrierter wässriger Lösung Zellsubstanzen, Muskeln, rote Blutkörperchen, sowie das Sekret mancher nicht mucinhaltiger Drüsen von Evertebraten tiefrot.

23) **Orange G.** Färbt in gesättigter wässriger Lösung, die jedesmal vor dem Gebrauch zu filtrieren ist, Muskeln hellgelb, Zellsubstanzen hellorange. Orange G. in Lösung schimmelt leicht, darf daher nicht in großen Quantitäten vorrätig gehalten werden.

Diese beiden Farbstoffe sind für sich allein nicht verwertbar, da sie eine diffuse Färbung geben, sie bilden aber für Doppelfärbungen eine ganz vorzügliche Grundlage. Die vorhergegangene Methode der

Fixierung übt auf die Färbbarkeit im allgemeinen keinen Einfluſs, nur FLEMMING'sche Lösung und Chromsäure hindern ein wenig das Angreifen des Farbstoffes.

Die *basischen* Anilinfarben.

24) **Bismarckbraun.** In konzentrierter wässriger Lösung wird das Präparat 24 Stunden lang gelassen, dann flüchtig in Wasser abgewaschen und so lange in Alkohol von 96 %, extrahiert, bis kein Farbstoff mehr entweicht. Färbt Kerne und mucinhaltige Drüsen, namentlich mit Sekret gefüllte Becherzellen dunkelbraun. Das Plasma der Zellen wird hellbraun, ebenso Bindegewebsfibrillen. Muskeln, glatte und quergestreifte, sowie das Plasma gewisser Drüsen von Evertebraten, die vielleicht als Eiweiſsdrüsen zu betrachten sind, werden strohgelb. Einer der vorzüglichsten Farbstoffe, für dessen Anwendung die vorhergegangene Fixierungsmethode meist gleichgültig ist; nur FLEMMING'sche Lösung macht ihn unwirksam.

25) **Dahlia.** Nach EHRLICH für *Mastzellen* in folgender Weise anzuwenden: Alkohol absolutus 50 ccm, Aqua destillata 100 ccm, Acetum glaciale 12½ ccm, Dahlia bis zur Sättigung. Die Schnitte, die nur von Präparaten genommen werden dürfen, die in absolutem Alkohol fixiert waren, kommen für mindestens 12 Stunden in die Lösung. Einlegen in Terpentin. Über diesen Farbstoff habe ich keine Erfahrung.

26) **Fuchsin: FREY.** Fuchsin 0,01 gr. in Aqua destillata 15 ccm. und 20—25 Tropfen Alkohol absolutus gelöst. Giebt für meinen Geschmack keine sehr schönen Bilder.

27) **Fuchsin; E. HERMANN,** von FLEMMING empfohlen. 0,25 gr. Fuchsin werden in 20 ccm. 96 % Alkohol und 20 ccm. destillierten Wassers gelöst. Nach vollendeter Färbung wird so lange in Alkohol absolutus extrahiert, bis keine Farbstoffwolken mehr entweichen. Reine Kernfärbung.

28) **Verdünnte alkoholische Fuchsinlösung.** In meiner Erstlingsarbeit habe ich zur Darstellung der RANVIER'schen Einschnürungen folgendes Verfahren empfohlen. 6—7 Tropfen einer 4 % alkoholischen Fuchsinlösung werden in ein Uhrschälchen mit destilliertem Wasser gegeben. Dahinein kommen die frischen Nerven auf 4—24 Stunden und werden dann ausgewaschen. Die RANVIER'sche Einschnürung tritt an Zupfpräparaten als dunkelbraunroter Ring plastisch hervor, der Axencylinder ist tiefrot, der doppelte Kontur hellrosa. Ich kann auch heute noch diese Methode warm empfehlen. Die Präparate sind nicht haltbar.

29) **Gentianaviolett.** Nach BIZZOZZERO und VASSALE verfährt man folgendermaſsen: Die Objekte werden in absolutem Alkohol fixiert. Die Schnitte kommen in die EHRLICH'sche Gentianaviolettlösung, die nachstehende Zusammensetzung hat: Gentianaviolett 1 gr. Alkohol 15 ccm, Anilinöl 2 ccm, Aqua destillata 15 ccm. Darin verweilen die Schnitte 5—10 Minuten. Darauf werden sie 5 Sekunden lang in absolutem Alkohol abgewaschen und kommen für 2 Minuten in eine Jodjodkaliumlösung: Jod 1 gr, Jodkalium 2 gr, Aqua destillata 300 ccm. Darauf für 20 Sekunden in absoluten Alkohol, dann für 30 Sekunden in Chromsäure 1 pro mille, dann 15 Sekunden in

absoluten Alkohol, dann 30 Sekunden in Chromsäure 1 pro mille, dann 60 Sekunden in absoluten Alkohol und endlich Aufhellen in Nelkenöl. Man erhält reine Kerntinktion; umständlicher aber kann wohl eine Methode nicht sein, denn bis zum Aufhellen sind nicht weniger als 8 meist nur wenige Sekunden währende Operationen nötig.

Ähnlich wie Gentianaviolett wirkt *Methylviolett B extra*.

30) **Nigrosin.** Nach SANKEY (citiert nach BEHRENS) für Zentralnervensystem in folgender Lösung brauchbar: Nigrosin 0,5 gr, Alkohol 99 ccm, Wasser 1—2 ccm. Die Tinktion erfolgt in wenigen Minuten; die Schnitte kommen nach dem Auswaschen in eine Chloralhydratlösung oder auch in eine Lösung von Lithium carbonicum. Über diesen Farbstoff habe ich nur geringe eigne Erfahrung.

31) **Safranin.** FLEMMING, wie ich durch diesen Forscher brieflich belehrt wurde, nicht PFITZNER, wie BEHRENS angiebt, hat den Farbstoff zuerst empfohlen, und zwar in *alkoholischer* Lösung, von der ein kleines Quantum zum jedesmaligen Gebrauche halb mit destilliertem Wasser zu verdünnen ist. Die Schnitte werden nach vollendeter Färbung so lange in 96 % Alkohol extrahiert, bis sie ein in der gewählten Farbe durchscheinendes Aussehen bekommen haben. Vorzügliches Kernfärbemittel, macht namentlich, besser als Bismarckbraun, die mitotischen Stadien sehr deutlich, zeigt aufserdem dieselbe Mucinreaktion, wie Bismarckbraun, wenn auch nicht so prägnant. Bei einigen Autoren finde ich die Angabe, dafs Safraninpräparate in salzsaurem Alkohol ausgewaschen werden sollen. Bei meinem Safranin hat mir ein derartiges Verfahren stets die Färbung verdorben, indem nunmehr ein schmutzig violetter, statt des schönen, flammenroten Tones vorhanden war. Stets salzsauren Alkohol zur Extraktion zu verwenden, ist daher entschieden abzuraten. Überhaupt ist Safranin, soweit ich diesen Farbstoff kennen gelernt habe, äufserst säureempfindlich, ganz im Gegensatze zu Bismarckbraun. Pikrinsalpetersäurepräparate oder Präparate aus Flemmings'cher Lösung, für welch' letztere namentlich das Safranin ganz ausgezeichnet ist, müssen absolut säurefrei sein, sonst erhält man schmierige und darum unbrauchbare Färbungen.

32) **Säurefuchsin; WEIGERT.** Mit dieser, jetzt wegen ihrer Umständlichkeit fast ganz verlassenen, Methode erhält man sehr schöne Bilder der Nervenfasern im Gehirn. Die Methode ist folgende: Die Schnitte von Gehirnen, die in MÜLLER'scher Lösung fixiert und nachher in Alkohol gehärtet waren, kommen auf Stunden oder Tage in eine gesättigte wässrige Lösung von Säurefuchsin. Dann werden sie in Wasser abgespült und kommen in eine alkoholische Kalilösung. Diese letztere stellt man sich so dar, dafs man in 100 ccm Alkohol absolutus 1 gr. Kali causticum fusum wirft, 24 Stunden wartet, bis das, was löslich ist, gelöst ist. Von dieser Stammflüssigkeit verdünnt man 10 ccm. mit 100 ccm. Alkohol absolutus. In dieser Verdünnung wird der Schnitt bewegt, wobei er sofort Farbstoff verliert; das Bewegen wird so lange fortgesetzt, bis die graue Substanz hervortritt. Dann wird wiederholt in reinem Wasser abgewaschen, bis keine Farbstoffwolken mehr ausgehen. Die Färbung ist gelungen, wenn die weifse Substanz rot, die graue hell ist. *Nur die Nervenfasern sind dann gefärbt.*

δ. **Doppelfärbungen.**

33) Hämatoxylin-Karmin; STRELZOFF (citiert nach FREY). Nur geeignet für Präparate sich entwickelnder, vorher entkalkter Knochen. Schnitte, in Alaunhämatoxylin gefärbt, werden in destilliertem Wasser ausgewaschen und dann in eine möglichst ammoniakarme Karminlösung gebracht. Sie werden wiederum ausgewaschen und können nochmals in dünne Alaunlösung gebracht werden. Knorpel blau, Knochen rot. Die Präparate sind nicht haltbar.

34) Pikrokarmin: RANVIER. Der französische Histiologe hat zuerst diese Doppelfärbung ersonnen, die viel gelobt und angewendet wird. Ich muſs gestehen, dafs mir die knallrote Färbung der Kerne, die jedes Strukturbild derselben verdeckt, nicht sehr sympathisch ist, und dafs mir ferner sowohl bei dieser wie bei den noch zu erwähnenden Modifikationen des RANVIER'schen Prinzipes die Doppelfärbung ziemlich problematisch erscheint. Das Pikrin entweicht meistens rapide aus dem Gewebe, mag man nun in Wasser auswaschen oder direkt in Alkohol bringen, was immer bedenklich ist, da sich dann leicht amorphe Karminniederschläge bilden. Am rationellsten ist es noch Karminpräparate in Alkohol zu entwässern, dem eine Spur Pikrinsäure beigesetzt ist, oder in Karmin durchgefärbte Präparate mit einem Terpentin aufzuhellen, in welchem man Pikrin in beliebiger Menge gelöst hat.

Die RANVIER'sche *Vorschrift* nun lautet folgermafsen: In eine ammoniakalische Karminlösung wird kalt gesättigte wässrige Pikrinlösung eingetragen und das Gemisch auf $1/5$ des Volumens eingedampft. Nach dem Abkühlen wird filtriert und wieder abgedampft, bis das Pikrokarmin als krystallinisches Pulver ausfällt. Mit einer 1 % wässrigen Lösung dieses Pulvers wird gefärbt. Die Vorbehandlung der Präparate ist gleichgiltig.

35) Pikrokarmin; WEIGERT (citiert nach BEHRENS). Zu 2 gr. Karmin kommen 4 ccm. Ammoniak; nach 24 Stunden werden 200 ccm. kalt gesättigter wässriger Pikrinlösung hinzugefügt. Nach ferneren 24 Stunden Essigsäurezusatz, bis ein stärkerer Niederschlag entsteht, dann wird Ammoniak tropfenweise zugefügt, bis die Lösung klar ist.

36) Pikrokarmin (citiert nach STÖHR). Zu 50 ccm. Aqua destillata werden 5 ccm. liquor ammonii caustici gegossen und 1 gr. besten Karmins hineingeschüttet. Das Karmin ist nach etwa 5 Minuten gelöst. Jetzt gieſst man 50 ccm. gesättigter wässriger Pikrinlösung zu und läſst die Mischung 2 Tage in weit offenem Gefäſse stehen; dann wird filtriert. Selbst reichliche Pilzentwickelung vernichtet nicht die Färbekraft des Reagens.

36a) Pikrokarmin; HOYER. 1 gr. Karmin wird in einer Mischung von circa 1—2 ccm. starker Ammoniaklösung und 6—8 ccm. Wasser gelöst und in einem Glaskolben im Sandbade so lange erwärmt, bis das überschüssige Ammoniak sich verflüchtigt hat. Man erkennt das Eintreten der Verflüchtigung daran, daſs in der erwärmten Flüssigkeit *kleine* Bläschen aufsteigen und die Farbennuance *hellrot* ist. Nach dem Erkalten wird filtriert. Zu dieser neutralen Karminlösung wird das 4—6 fache Volumen starken Alkohols zugesetzt; dadurch entsteht ein hellroter Niederschlag. Man filtriert, wäscht den auf dem Filter zurückbleibenden Niederschlag und trocknet ihn zu einem *Pulver* oder bereitet durch Übergiefsen mit Alkohol, in welchem etwas Glycerin und Chloral gelöst ist, eine *Paste*. Man löst nun, um Pikrokarmin zu erhalten, Pulver oder Paste in einer konzentrierten Solution von neutralem pikrinsauren Ammoniak. Die grofse Umständlichkeit, mit der dieses Pikrokarmin herzustellen ist, läfst es ratsam erscheinen, dasselbe durch das GRÜBLER'sche Institut, welches es in Pulverform oder Lösung liefert, zu beziehen.

37) Pikrolithionkarmin; ORTH. Zu 1 Teil einer 2,5 % Lithionkarminlösung, die nach der unter Nr. 2 in diesem Kap. angegebenen Vorschrift angefertigt worden, werden 2—3 Teile kalt gesättigter wässriger Pikrinsäurelösung hinzugefügt. Sollte eine von beiden Farbennuancen zu sehr vorwiegen, so kann man beliebig von der minder hervortretenden Lösung zusetzen.

Die Pikrokarmine färben die Zellkerne knallrot, Epithel- und Drüsenzellen sowie Muskeln gelb, Bindegewebe gar nicht.

38) Boraxkarmin-Indigcarmin; NORRIS und SHAKESPEARE (citiert nach BEHRENS). Man macht durch Kochen eine Lösung von 2 gr. Karmin, 8 gr. Borax und 130 ccm. Aqua destillata, und eine zweite von 8 gr. Indigcarmin, 8 gr. Borax und 130 ccm. Aqua destillata. Nach dem Erkalten filtriert man beide und mischt sie zu gleichen Teilen. Schnitte von Alkohol-, Pikrinsalpetersäure- oder Sublimatpräparaten werden 24 Stunden in der Mischung gefärbt, kommen dann *direkt* in kalt *gesättigte* Oxalsäurelösung für 15—20 Minuten, werden gut ausgewaschen und weiter behandelt. Vor der Oxalsäureeinwirkung dürfen die Schnitte nicht mit Wasser in Berührung kommen, weil sonst das Indigkarmin entweicht. Aus demselben Grunde darf keine dünne Oxalsäure genommen werden. *Das Resultat der Färbung ist ein ganz ausgezeichnetes.* Die Kerne sind tiefrot, die Bindegewebsfibrillen hellrot, das Plasma der Epethilien grünlich, und Muskeln, glatte wie quergestreifte, leuchtend blaugrün. Namentlich zur Unterscheidung von Muskelfasern und Bindegewebsfibrillen bei Wirbellosen erhält man höchst instruktive Bilder. Ich kann diese Färbungsmethode auf das *angelegentlichste* empfehlen. Die Mischung hält sich längere Zeit.

39) Hämatoxylin-Safranin; RABL. Zum Studium der *Zellteilungsfiguren* hat RABL folgende Färbung empfohlen. Präparate, die in Chromameisensäure fixiert sind (cfr. Kap. II Nr. 4), färbt dieser Forscher zuerst in DELAFIELD'schem Hämotoxylin so schwach, dafs sie ohne weiteres nicht brauchbar sind. Sie werden gut in Wasser ausgewaschen und kommen in Safranin. Dieses wird so dargestellt, dafs man in überschüssiger Menge den Farbstoff in absoluten Alkohol giebt, tüchtig umrührt, abfiltriert und das Filtrat mit dergleichen Menge Wasser verdünnt — also im wesentlichen FLEMMING'sche Safraninlösung. Hierin bleiben die Präparate 24 Stunden und werden dann so lange in Alkohol absolutus extrahiert, bis kein Farbstoff mehr entweicht.

40) Eosin-Anilingrün. Diese Doppelfärbung ist von SCHIEFFERDECKER zur Darstellung der Plasmastrukturen der Drüsenzellen empfohlen worden.

41) Eosin-Hämatoxylin; RENAUT (citiert nach FOL). Konzentrierte wässrige Eosinlösung 30 ccm, abgestandene gesättigte Auflösung von Hämatoxylin in Alkohol 40 ccm, mit Kalialaun gesättigtes Glycerin 130 ccm. Die Mischung mufs 5—6 Wochen in einem mit durchlöchertem Papier bedeckten Gefäfse stehen, bis der Alkohol verdunstet ist, dann filtriert man. Beim Gebrauch wird mit 1—2 Teilen reinen Glycerins verdünnt. Zur Entwässerung der Schnitte wird eosinhaltiger Alkohol genommen.

42) **Eosin-Hämatoxylin.** Seit Jahren verfahre *ich* bei dieser Doppelfärbung folgendermafsen: Die Schnitte werden 24 Stunden lang in konzentrierter wässriger Eosinlösung gefärbt. Darauf kommen sie nach flüchtigem Abwaschen in destilliertem Wasser für 2—5 Minuten in BÖHMER'sches, FREY'sches oder *mein* Hämatoxylin, werden nach dieser Zeit 20—25 Minuten in *gewöhnlichem* Wasser gewaschen und dann in *reinem* 96 °/₀ Alkohol extrahiert, bis kein Eosin mehr entweicht. Hiermit habe ich nach fast jeder Fixierungsmethode, ausgenommen reine Chromsäure, ganz vorzügliche Präparate bekommen, die sich Jahre lang gehalten haben. Das Eosin, das ich stets verwendete, ist sehr beständig bei dieser Methode, färbt Muskeln, Zellplasma, gewisse Drüsensekrete bei Evertebraten intensiv rot, die Kerne sind dunkelblau, Bindegewebe graublau. Läfst man die Schnitte zu lange in der Hämatoxylinlösung, so verdrängt die Hämatoxylinfärbung etwas die des Eosins. Färbt man umgekehrt, erst mit Hämatoxylin, dann mit Eosin, so sind die Resultate sehr viel schlechter, denn nunmehr geht das Eosin nicht mehr an die Gewebteile heran und wird, wenn man reinen Alkohol nimmt, fast ganz ausgezogen. Ich kann daher nur *dringend* anraten, sich meines zweizeitigen Verfahrens zu bedienen. Mifserfolge mit demselben sind nach meinen Erfahrungen absolut ausgeschlossen.

43) **Orange G-Hämatoxylin.** Seit einiger Zeit habe *ich* diese Farbstoffkombination bei Pikrinsalpetersäure-, Pikrinschwefelsäure-, Sublimat- und Alkoholpräparaten angewendet und damit ganz ausgezeichnete Bilder erhalten. Die Schnitte kommen für 24 Stunden in eine gesättigte wässrige Lösung von Orange G, werden nach ganz flüchtigem Abwaschen in destilliertem Wasser auf 2—5 Minuten in BÖHMER'sches, FREY'sches oder *mein* Hämatoxylin übergeführt. Danach werden sie 20—25 Minuten in *gewöhnlichem* Wasser abgewaschen und in Alkohol von 96 °/₀ extrahiert. Zu lange darf *vor* der Hämatoxylinanwendung nicht ausgewaschen werden, da sonst das Orange G fast völlig entweicht. Muskeln, glatte und quere, hellgelb; Drüsenplasma und Drüsensekret gewisser Drüsen von Evertebraten, sowie Knochengrundsubstanz orangefarben; Bindesubstanz leicht blaugrau; Drüsenplasma mucinhaltiger Drüsen und sekretgefüllte Becherzellen, sowie Knorpelgrundsubstanz veilchenblau; Kerne dunkelblau. Die Färbung ist sehr viel zarter und distinkter als nach Eosin-Hämatoxylin, hat lange nicht das massive Aussehen wie letztere und ist für das Auge sehr sympathisch. Bei rein epithelialen Bildungen steht sie allerdings der vorigen Doppelfärbung nach. *Ich kann diese Kombination als ganz vorzüglich empfehlen.*

ε. **Dreifachfärbungen.**

44) **Pikrokarmin-Hämatoxylin**; FLEMMING. *Hautschnitte* werden bis zu 24 Stunden in eine mittelstarke Pikrokarminlösung getan, dann für einige Stunden in DELAFIELD'sches Hämatoxylin. Nach

Waschen in Wasser Weiterbehandlung, wie sie im folgenden Kapitel beschrieben werden wird. Das Bindegewebe ist rosa, die Muskeln gelbrötlich, ebenso die Zellkörper, die Zellkerne dunkelpurpurn bis violett, die hornige Substanz des Haares pikringelb, die innere Wurzelscheide, soweit sie vorhanden, brillant lichtblau. BLASCHKO hat für das gleiche Gebilde dieselbe Kombination angewandt, nur dafs er BÖHMER'sches Hämatoxylin nahm. In den BLASCHKO'schen Präparaten ist das stratum lucidum grün.

45) **Orange G - Säurefuchsin - Methylgrün**; EHRLICH-BIONDI. Eine von EHRLICH angegebene Methode der Färbung mit den drei Stoffen ist von BIONDI etwas modifiziert und dann durch HEIDENHAIN bekannter geworden. Die Mischung wird hergestellt aus 100 ccm. wässriger Orange G-lösung, 20 ccm. gesättigter wässriger Säurefuchsinlösung und 50 ccm. gesättigter wässriger Methylgrünlösung. Letztere wird unter stetem Umrühren in die Mischung der ersteren beiden eingetragen. Zum Gebrauch wird ein Quantum der Lösung mit dem 60—100 fachen an destilliertem Wasser verdünnt; die Dauer der Einwirkung ist 24 Stunden. Für Sublimat-, weniger für Pikrinsalpetersäurepräparate zu verwenden. Nach dem Färben wird flüchtig in Wasser abgewaschen und in Alkohol von 96 °/₀ extrahiert, bis keine Farbstoffwolken mehr entweichen. Da es sehr schwer ist, für diese Lösung die richtigen Konzentrationen der einzelnen Bestandteile zu treffen, so tut man am besten, das EHRLICH-BIONDI'sche Gemisch durch das GRÜBLER'sche Institut zu beziehen.

Kap. VI. Das Aufheben der Präparate.

Präparate, die ohne weitere Vorbereitung von frischem Materiale angefertigt und in indifferenten Flüssigkeiten untersucht wurden, sind aus leicht ersichtlichen Gründen einer dauernden Aufbewahrung nicht fähig. Das Gleiche gilt von Zupfpräparaten, die man nach kürzerem oder längerem Verweilen in einer der in Kap. I beschriebenen Isolationsflüssigkeiten hergestellt und keiner weiteren Nachbehandlung unterworfen hat. Nur Osmium-, Gold- und Silberpräparate und Präparate, die man nach der Mazeration in irgend einer Weise gefärbt hat, lassen sich aufheben. Manchmal erhalten sie sich Jahre lang gut; häufig aber gehen sie schon nach kurzer Zeit, nach einigen Monaten zu Grunde.

Als Aufbewahrungsmittel ist am beliebtesten das

1) **Glycerin.** Gefärbte Objekte zerzupft man, nachdem sie ausgewaschen sind, entweder in reinem oder halb mit destilliertem Wasser verdünntem Glycerin. Das reine Glycerin hat viele Nachteile. Einmal macht es die Präparate zu durchsichtig, so dafs namentlich feinere Strukturen dadurch verschwinden. Dann entzieht es den Geweben zu viel Wasser und bewirkt dadurch nachträglich mehr oder minder bedeutende, das Präparat wertlos machende Schrumpfungen. Endlich drittens zieht es namentlich die Anilinfarben, aber auch das Hämatoxylin sehr stark aus, so dafs Präparate, die beim Einlegen eine ziemlich intensive Tinktion zeigten, nach kurzer Zeit völlig abgeblafst sind. Viel besser ist es daher, halb mit Wasser verdünntes, statt reines Glycerin zu nehmen.

Kap. VI. Das Aufheben der Präparate.

Bei der Anwendung hat man in erster Linie zu beachten, dafs man den Tropfen, in dem die Zerzupfung vorgenommen wird, nicht zu klein und nicht zu grofs nimmt. Hat man zu viel Glycerin genommen, so schwimmt beim Auflegen des Deckglases das Zerzupfte nach allen Richtungen auseinander und das Glycerin tritt über den Rand des Deckglases hervor, wodurch das Umranden fast zur Unmöglichkeit wird. Hat man zu wenig genommen, so treten beim Auflegen des Deckglases eine Unmenge kleinster Luftblasen im Präparate auf, welche dessen schnelles Verderben herbeiführen. Das richtige Mafs zwischen beiden Extremen zu finden ist nicht leicht, dazu bedarf es vieler Übung.

2) 50 % Kali aceticum. Statt des Glycerins sollte man sich mehr der von MAX SCHULTZE empfohlenen 50 % wässrigen Lösung des Kali aceticum bedienen. Es besitzt alle Vorteile des reinen und verdünnten Glycerins, ohne an dessen Übelständen Anteil zu haben; namentlich Osmiumzupfpräparate halten sich in ihm viel besser, als in Glycerin. Anilinfarben blassen aber mit der Zeit auch aus.

Präparate, die in Glycerin oder Kali aceticum zerzupft sind, sogenannte feuchte Präparate, können indessen nicht so ohne weiteres aufbewahrt werden, weil bei der geringsten Neigung, die man dem Objektträger zur Horizontalen gäbe, die Deckgläser wegschwimmen würden. Zur dauernden Aufbewahrung müssen solche Präparate noch *umrandet* werden.

Die einfachste Methode zu diesem Behufe, wie ich sie seinerzeit durch meinen verstorbenen Lehrer Dr. KARL SACHS kennen lernte, ist die

3) Umrandung mit Wachs. Man nimmt ein dünnes Wachslicht, zündet es für einen Augenblick an, so dafs das im Dochte enthaltene Wachs schmilzt, löscht aus und fährt nun rasch mit dem noch warmen Dochte an dem Rande des Deckglases hin. Der Docht hinterläfst einen schnell erstarrenden Streifen Wachs, welcher das Deckglas an dem Objektträger befestigt, vorausgesetzt, dafs man so umrandet hat, dafs der Wachsstreifen zur Hälfte auf dem Deckglase, zur Hälfte auf dem Objektträger ruht. Man setzt die Prozedur des Anzündens, Auslöschens und Aufstreichens so lange fort, bis ein genügend breiter Rahmen von Wachs das Deckglas fixiert. Solcher Art hergestellte Präparate halten sich sehr lange.

4) Asphaltlack. Er stellt eine Auflösung von Asphalt in Lein- und Terpentinöl dar und kommt in dieser Form im Handel vor. Trocknet schwer und wird leicht spröde, ist daher wenig empfehlenswert.

5) Maskenlack. Er ist eine alkoholische Lösung, deren Zusammensetzung ich nicht kenne. Er ist viel besser als Asphaltlack, da er sehr schnell hart wird, ohne zu springen. Im Handel vorrätig.

6) KRÖNIG'sche Masse. Dieselbe besteht aus weifsem Wachs 2 Teilen und Kolophonium 9 Teilen, welche in der Wärme vereinigt werden. Die nach dem Erkalten harte Masse wird mit heifsgemachter Messerklinge auf den Rand des Deckglases aufgetragen. Nächst Maskenlack eins der besten Umrandungsmittel, da es sich gut anlegt, schnell erstarrt und nicht brüchig wird.

Aufser den genannten gibt es noch eine grofse Menge von sogenannten *Verschlufslacken*, auf deren Anführung ich aber verzichte, da dieselben allgemeinere Verwendung kaum gefunden haben.

Präparate, die von gehärtetem Materiale gemacht wurden, in einer der im vorigen Kapitel angegebenen Weisen gefärbt sind und nunmehr dauernd aufbewahrt werden sollen, werden wohl nur in den allerseltensten Fällen in Glycerin oder 50 ⁰/₀ Kali aceticum aufgehoben. Zu dem Zwecke nimmt man vielmehr *Kanadabalsam* oder *Dammarharz*.

Ehe sie aber mit einem von beiden Mitteln durchtränkt werden können, müssen noch einige Manipulationen mit ihnen vorgenommen werden. Schnittpräparate, die mit wässrigen oder alkoholischen Farbstofflösungen gefärbt wurden, werden zunächst in absolutem Alkohol oder Alkohol von 96 ⁰/₀ sorgfältig entwässert. Celloidinschnitte dürfen nicht zu lange in dem Alkohol weilen, weil sonst das Celloidin leicht schmierig wird. Nach der Entwässerung *können* sie direkt in Balsam übertragen werden. Doch ist das nicht ganz ungefährlich; denn ist auch nur eine Spur von Wasser im Präparat noch vorhanden, so dringt der Balsam nicht ein und das Präparat ist dann verdorben. Man mufs daher durch ein ätherisches Öl den Alkohol erst austreiben und den Schnitt durchsichtig machen. Das hierfür mit Recht beliebteste Öl ist das

7) **Nelkenöl.** Man bewahrt dasselbe am besten in einer Flasche auf, in welche eine Pipette als Glasstöpsel eingeschliffen ist. Deckgläser, auf denen Schnitte aufgeklebt sind, nimmt man aus dem Alkohol und legt sie auf ein kleines Uhrschälchen so auf, dafs die Schnitte nach oben kommen und die vier Ecken nur lose auf dem Schälchen ruhen, das ganze Deckglas also hohl liegt. Dann gibt man mit der Stöpselpipette einige Tropfen Nelkenöl auf die Schnitte. Nach kurzer Zeit sind letztere durchsichtig geworden. Man saugt dann das Öl möglichst vollständig mit der Stöpselpipette weg, trocknet noch einmal vorsichtig mit Fliefspapier ab und legt das Präparat auf den Objektträger, auf den man vorher einen Tropfen Kanadabalsam oder Dammarlack getan hat. Schlägt sich, wie das zuweilen geschieht, etwas Nelkenöl auf der Oberseite des Deckglases nunmehr nieder, so wartet man, bis Balsam oder Lack trocken geworden sind, und reibt dann vorsichtig mit einem Leinwandlappen ab, auf den man eine Spur Alkohol gebracht hat.

8) **Kreosot.** Dieser Stoff hat vor dem Nelkenöl nur das eine voraus, dafs er noch wasserhaltige Schnitte aufhellt, ist aber sonst wenig empfehlenswert, da er vielfach Schrumpfungen hervorruft.

9) **Bergamottöl.** *Dieses* sehr angnehm riechende *Öl dient* vorzugsweise *zur Aufhellung von Celloidinschnitten*, die aus 95 ⁰/₀ oder 96 ⁰/₀ Alkohol in dasselbe übertragen werden. Nachdem man die Schnitte, die nicht aufgeklebt sind, auf den Objektträger gebracht hat, giebt man auf dieselben einen Tropfen Kanadabalsam oder Dammarlack und legt das Deckglas auf. Sehr vorteilhaft ist es, wenn man letzteres, bevor man es auflegt, ein paarmal durch die Spiritusflamme zieht, damit die an ihm haftende Feuchtigkeit entfernt wird, da dieselbe unter Umständen leicht im Präparate sich niederschlagen könnte.

An Stelle von Bergamottöl hat man auch *Origanumöl* verwandt; indessen ist dasselbe nicht sehr empfehlenswert, da es sehr übel riecht und durch den Geruch leicht Kopfschmerzen hervorruft.

10) **Xylol.** Zur Aufhellung von Schnitten, die mit einer Anilinfarbe oder mit Hämatoxylin gefärbt sind, ziehe ich das Xylol dem Nelkenöl vor. Die Farben treten dadurch schärfer und klarer hervor und scheinen sich besser zu halten. Man legt das Deckgläschen, welches die gut in *absolutem* Alkohol entwässerten Schnitte trägt, in das Xylol, bringt auf den Objektträger einen Tropfen Kanada oder Dammar und deckt das Deckgläschen, nachdem die Schnitte durchsichtig geworden, über. Das auf der Oberseite desselben vorhandene Xylol ist sehr bald verdunstet, ohne Spuren zu hinterlassen, vorausgesetzt, dafs man vorher genügend entwässert hatte.

11) **WEIGERT'sche Aufhellung.** Da die nach WEIGERTS Methode mit Kollodium aneinander geklebten Schnitte eine Entwässerung in absolutem Alkohol und eine Durchtränkung in Öl nicht vertragen, weil sich darin das Kollodium lösen würde, so bringt WEIGERT die Kollodiumlappen aus dem 90 $^{0}/_{0}$ Alkohol in eine Mischung von 3 Volumina Xylol mit 1 Volumen Acidum carbolicum liquefactum. Um letzteres Reagens stets wasserfrei zu erhalten, kommt auf den Boden des Gefäfses, in dem die Mischung sich befindet, etwas geglühtes Cuprum sulfuricum. In der Mischung bleiben die Lappen, bis sie durchsichtig geworden sind.

Durchgefärbte Präparate, die mit der GIESBRECHT-MAYER'schen Schellackmethode aufgeklebt sind, sind einfacher, als nachträglich gefärbte Schnitte, zu behandeln. Im Wärmekasten oder auf dem Neapler Wasserbade, wo sie sich befinden, damit die Schnitte fest anhaften, schmilzt gleichzeitig das Paraffin. Man giefst nun über den warmen Objektträger Terpentinöl, welches alles Paraffin wegnimmt, läfst ablaufen und bringt einen Tropfen Balsam auf, über den man ein Deckgläschen legt. Dasselbe mufs vorher ein Paar mal durch die Spiritusflamme gezogen werden, damit die an ihm haftende Feuchtigkeit, welche in dem Schellack Trübungen hervorrufen könnte, schwindet.

Die Deckgläser werden so aufgelegt, dafs sie, mit einer feinen Pinzette gefafst, zunächst nur mit einer Kante den Objektträger berühren, während ihre Fläche in leichter Neigung zum Objektträger zwischen den Branchen der Pinzette ruht. Indem man das Deckglas senkt und die Pinzette langsam fortzieht, bewirkt man so eine gleichmäfsige Ausbreitung des Kanada- oder Dammartropfens und verhütet gleichzeitig den Eintritt von Luftblasen.

Die zum dauernden Einschlufs bestimmten Mittel sind Kanadabalsam und Dammarlack.

12) **Kanadabalsam.** Man löst in einem Glasgefäfs, das mit einem *auf*geschliffnen Deckel bedeckt wird, und in dem sich ein feiner Glasstab zum Auftropfen des Balsam befindet, den dickflüssigen Balsam am besten in Xylol, so dafs er ganz dünn wird und beim Herausheben des Stabes nicht mehr Faden zieht. Xylol als Lösungsmittel ist dem Terpentin vorzuziehen, da in Terpentinbalsam difficile Farben abblassen. Dickflüssiger Terpentinbalsam ist zum Einschlufs von Knochenschliffen empfehlenswert. Man mufs unter allen Umständen nur sehr wenig Balsam nehmen, nur so viel, dafs der vom Deckglase bedeckte Raum gerade ausgefüllt ist. Nimmt man zu viel, so hat man einen doppelten Nachteil. Erstens trocknet eine solche dicke Balsamschicht sehr schwer, ist oft nach Monaten noch nicht

fest. Und zweitens wird durch dieselbe die Beobachtung, namentlich mit starken Trockensystemen erschwert, wenn die Schnitte nicht aufgeklebt waren (in welchem Falle zwischen ihnen und Linse nur das Deckglas ist), sondern direkt auf den Objektträger gebracht wurden. Dann hindert bei starken Systemen die Balsamschicht zuweilen die genaue Einstellung.

13) **Dammarlack.** Dieses Reagens besitzt nach FLEMMING vor dem Kanadabalsam den Vorzug, dafs es für die Erhaltung feinerer Strukturen günstiger ist. Man bereitet sich am besten die Lösung selber; fertig gekaufter Lack wird häufig im Präparate trübe. Man löst Dammarharz, das sehr rein aussehen mufs, in einem Gemisch von Benzol und Terpentin zu gleichen Teilen in der Wärme und filtriert warm. Ist der Lack in der Flasche trotz sorgfältiger Zubereitung trübe geworden, so bringt man ihn, wie mir Professor FLEMMING gütigst geschrieben hat, bei 50—80° C. eine Zeitlang in den Brütofen und filtriert ihn dann warm durch ein mit Chloroform benetztes Fliefspapier. Dann bleibt der Lack wieder längere Zeit klar.

Kap. VII. Die Methoden der Injektion.

Um die Vascularisation der einzelnen Organe genauer zu studieren, ist es notwendig, die Gefäfse dadurch sichtbar zu machen, dafs man sie mit einer farbigen, transparenten Masse erfüllt. Für diesen Zweck, die *Injektion*, giebt es zwei Methoden, die Einspritzung *warmer* und die Einspritzung *kalter* Flüssigkeiten, von denen die letzteren flüssig bleiben, die ersteren in der Kälte erstarren. Der modus procedendi ist dabei der, dafs man in die Hauptarterie oder in die Hauptvene eines Organes eine Kanüle einsticht und einbindet, diese dann mit einer Spritze vereinigt, deren Stempel man nun kontinuierlich, unter stets gleichem Drucke langsam vorschiebt, bis die Injektion vollendet ist, d. h. bis das betreffende Organ eine gleichmäfsige, der Farbe der Injektionsmasse entsprechende Färbung angenommen hat. Will man Arterie und Vene gleichzeitig injizieren, so hat man natürlich zwei Kanülen einzubinden, die mit zwei Spritzen in Verbindung zu setzen sind, oder kann erst die Verzweigung der Arterie, dann die der Vene mit den Injektionsmassen ausfüllen. Zur Injektion der Lymphgefäfse bedient man sich des Einstichverfahrens. Man macht dabei mit einer in die Injektionsmasse getauchten Staarnadel oder mit einer feinen, ebenfalls in die Injektionsmasse getauchten Scherenspitze einen kleinen Einstich in das Organ, schiebt in denselben, der sich als gefärbter Punkt dokumentiert, die Kanüle vorsichtig ein und füllt so die Lymphbahnen an. Nimmt man *warme* Massen, so müssen die Instrumente die Temperatur der Massen haben und die zu injizierenden Organe in warmem Wasser liegen. Die Injektion hat selbstverständlich der Fixierung und Härtung voranzugehen. Von injizierten Organen gemachte Schnitte kann man zur Deutlichmachung der zelligen Elemente in einem beliebigen Farbstoffe nachfärben, oder man kann das ganze injizierte Organ durchfärben.

Als Kanüle bedient man sich entweder der mit den käuflichen Spritzen mitgegebenen metallenen Ansätze oder feiner Glasröhren, deren eines Ende über der Stichflamme in eine kapillare Spitze ausgezogen ist.

Kap. VII. Die Methoden der Injektion.

Statt der Spritzen, deren Stempel man mit der Hand vorschieben mufs, wodurch zuweilen die Druckintensität geändert wird, kann man sich, namentlich bei kaltflüssigen Massen, eines Apparates mit konstantem Druck bedienen. Man hat dazu zwei grofse Flaschen nötig, von denen jede mit einem doppelt durchbohrten Kork verschlossen wird. In die eine Flasche kommt die Injektionsmasse; in die eine Öffnung des zugehörigen Korkes derselben wird eine bis auf den Boden reichende, an ihrem oberen Ende rechtwinklig gebogene Röhre gesteckt, an deren freier Mündung ein mit der Injektionskanüle versehener Schlauch befestigt wird. In die andere Korköffnung kommt eine doppelt knieförmig gebogene Glasröhre, deren Mündung nur um weniges durch den Kork in die Injektionsflasche reicht, die Injektionsmasse aber nicht berühren darf. Die zweite Flasche ist der Windkessel. In die eine Öffnung des zugehörigen Korkes kommt der noch unbesetzte Schenkel der doppelt knieförmig gebogenen Röhre, der nur bis dicht unter den Kork reicht. In die andere Öffnung kommt ein mit einem Trichteransatz versehenes, sehr hohes und nicht zu weites Steigrohr, das bis auf den Boden des Windkessels reicht und durch ein geeignetes Stativ lotrecht erhalten wird. Giefst man nun in den Trichteransatz Quecksilber, so läuft dieses in den Windkessel und komprimiert dadurch die Luft, welche nach der Injektionsflasche durch die doppelt-knieförmige Röhre entweicht und dadurch die Injektionsmasse aus leicht ersichtlichen Gründen in die Kanüle treibt.

Zu *warmen farbigen Injektionsmassen* existiert eine sehr grofse Anzahl von Vorschriften, von denen hier nur drei Erwähnung finden sollen. Nach diesen kann man sich nach Geschmack andere Färbungen beliebig darstellen.

1) **GERLACH'sche Karminmasse** (citiert nach FREY). 5 gr. feinsten Karmins werden mit 4 ccm. Wasser und $1/_2$ ccm. liquor ammonii caustici gelöst. Man läfst die Mischung mehrere Tage lang in nicht zu fest verschlossenem Gefäfse stehen und bringt sie dann in eine konzentrierte Lösung feiner weifser französischer Gelatine. Letztere stellt man so dar, dafs man 6 gr. Gelatine in 80 ccm. Wasser in der Wärme löst. Nach Vereinigung des Karmins mit der Gelatine wird durch einige Tropfen Essigsäure neutralisiert und bei einer Temperatur von 40°—45° C. injiziert.

2) **Berliner Blau mit Oxalsäure**; HARTING (citiert nach FREY). 1 Teil Oxalsäure wird in einem Mörser zerrieben, dazu dann 1 Teil Berliner Blau gesetzt. Unter stetem Reiben werden 12 Teile Wasser zugefügt und die Lösung mit 12 Teilen warmer Leimmasse vermengt.

3) **Transparentes Gelb**; THIERSCH (citiert nach FREY). 1 Teil einer wässrigen Lösung von einfach chromsaurem Kali (1:11) wird mit 4 Teilen einer konzentrierten Leimlösung vermischt, die man aus feiner weifser französischer Gelatine hergestellt hat. 2 Teile einer wässrigen Lösung salpetersauren Bleioxyds (ebenfalls 1:11) werden mit 4 Teilen konzentrierter Leimlösung vermengt. Bei einer Temperatur von 25°—32° C. werden langsam und vorsichtig unter beständigem Umrühren beide Mischungen miteinander vereinigt und dann etwa 1 Stunde lang auf 70°—100° C. auf dem Wasserbade erhitzt. Filtriert wird durch Flanell.

4) Kaltflüssige Injektion mit Berliner Blau unter konstantem Druck; PAUL MAYER. Die Injektionsflüssigkeit wird folgendermafsen hergestellt: Man löst, da das käufliche Berliner Blau selten gut ist, 20 gr. gelbes Blutlaugensalz (Ferrocyankalium) in 500 ccm. Wasser, verdünnt 10 ccm des liquor ferri sesquichlorati der deutschen Pharmacopoe mit ebenfalls 500 ccm. Wasser, giefst unter stetem Umrühren die zweite Lösung in die erste, sodafs stets ein Überschufs von Blutlaugensalz vorhanden ist, und läfst 12 Stunden lang stehen. Dann wird die gelbe Lösung, so gut es geht, abgegossen, die blaue Lösung wird filtriert, und man wäscht nun mit destilliertem Wasser so lange aus, bis das Filtrat tiefblau ist. Das dauert 1—2 Tage. Das tiefblaue Filtrat wird aufgefangen und man löst durch wiederholtes Aufgiefsen von Wasser den Niederschlag auf dem Filter völlig auf. So erhält man 1 Liter Flüssigkeit. Um bei Injektion derselben in alkalisch reagierende Organe ein Ausblassen der Farbe zu verhüten, mufs man mit etwas Essigsäure ansäuern.

Die Injection geschieht mittels *konstanten* Drucks. Man bringt an eine etwa 10 Liter fassende leere Flasche in geeigneter Weise ein Doppelgebläse an, wie es beim LISTER'schen Spray verwendet wird. Durch Zusammendrücken des Gummiballons wird die Luft in der Flasche komprimiert, und da diese mit dem Gefäfse in Verbindung steht, welches die Flüssigkeit enthält, so wird letztere in die in geeigneter Weise angebrachte Kanüle getrieben. Zur Messung des Druckes ist an der Luftflasche ein Manometer vorhanden.

5) ALTMANN'sche Korrosionsmethode. ALTMANN injiziert die Gefäfse eines Organes mit einem Gemisch aus 2 Teilen Oleum Ricini und 1 Teil Alkohol. Die injizierten Organe kommen darauf in 1 % Osmiumsäure, bis sie völlig schwarz sind, was etwa 1—2 Tage dauert; dann wird in Alkohol gehärtet. Schnitte, die nun angefertigt werden, behandelt man mit Eau de Javelle (liquor natri hypochlorosi). Die Dauer der Einwirkung dieses Reagens richtet sich nach dem Objekte. Es werden durch dasselbe alle zelligen und bindegewebigen Teile zerstört und nur die Gefäfse bleiben übrig. Die Schnitte dürfen nicht zu dünn sein.

6) Injektion mit Silbersalpeter. Zur Darstellung der endothelialen Zusammensetzung der Kapillaren injiziert man kleine Gefäfsbezirke mittels einer PRAVAZ'schen Spritze mit einer $1/2\,^0/_0-1\,^0/_0$ Lösung von Argentum nitricum. Nach Vollendung der Reduktion des Salzes, die man an der Bräunung erkennt, kann in Alkohol gehärtet werden.

II. Abschnitt. Die Anwendung der Methoden.

In den einzelnen Teilen dieses Abschnittes soll ganz kurz angegeben werden, welche Methoden der Isolation, der Fixierung und der Färbung für die Gewebe und Organe des tierischen Organismus nach allgemeinen Erfahrungen als am meisten geeignet erscheinen. Es ist ganz selbstverständlich, dafs diese Angaben nur den Zweck haben, dem Anfänger in histiologischen Untersuchungen einen Anhalt zu gewähren, wie er am besten und sichersten mit Ersparung von Material und Arbeitskraft zu instruktiven Resultaten gelangen kann. Die gewählte Einteilung schliefst sich aus leicht ersichtlichen Gründen eng an die Histiologie des Vertebratenkörpers an. Was aber bei den einzelnen Organen und Geweben gesagt wird, das hat auch Giltigkeit, wenigstens im allgemeinen, für die gleichen Gebilde wirbelloser Tiere. Zur Konservierung von Körperteilen der *Tracheaten* ist es notwendig, die anzuwendenden Fixierungsmittel heifs, etwa mit einer Temperatur von 70° C., einwirken zu lassen.

a. Blut.

Zur *frischen* Untersuchung dient ein dem eignen Finger oder ein aus der Haut oder der Ader eines Tieres entnommener Tropfen. Derselbe darf nicht zu grofs sein, sonst sieht man infolge der Massenhaftigkeit der roten Blutkörperchen gar nichts. Zur Zählung derselben ist der ZEISS'sche für diesen Zweck konstruierte Apparat anzuwenden. Um die amöboiden Bewegungen der weifsen Körperchen zu studieren, bedient man sich eines heizbaren Objekttisches nach MAX SCHULTZE oder STRICKER oder des Wärmekastens von ZEISS. Zur Anfertigung von *Dauerpräparaten* bringt man auf ein Deckglas einen kleinen Tropfen Blut, deckt mit einem anderen Deckglase zu, zieht beide, nachdem sich der Tropfen ausgebreitet, auseinander und läfst antrocknen. Dann wird noch bei 56° C. im Wärmekasten erwärmt, damit die Feuchtigkeit entweicht und 24 Stunden mit Eosin-Hämatoxylin, Orange G-Hämatoxylin oder Ehrlich-Biondi'scher Flüssigkeit gefärbt (Kap. V Nr. 42, 43, 45). Nach flüchtigem Abspülen in Wasser Extrahieren des überschüssigen Farbstoffes in Alkohol, Aufhellen in Xylol, Aufheben in Kanada oder Dammar. Zur Herstellung von TEICHMANN'schen *Häminkrystallen* läfst man einen Tropfen Blut auf dem Objektträger antrocknen, streut einige feine Körnchen Kochsalz darauf und gibt 2—3 Tropfen Eisessig zu. Ehe der Eisessig auseinanderfliefst, wird ein Deckglas aufgelegt und über der Spiritusflamme so schnell erwärmt, dafs der Eisessig kocht, ehe er verdampft. Nach dem Kochen ist das Präparat fertig.

b. Gewebe der Bindesubstanz.

α. **Hyaliner Knorpel** wird untersucht, indem man von frischem Materiale aus freier Hand mit dem Rasiermesser einen möglichst feinen Schnitt macht und unter dem Deckglase mit einer Jodjodkaliumlösung färbt (Jod 1,0, Jodkalium 2,0, Aqua destillata 50,0). Knorpelkapseln und Kerne zeigen sich sehr distinkt gefärbt. Auch Behandlung mit starkem Alkohol ist sehr geeignet. In Hämatoxylin färbt sich die Knorpelgrundsubstanz veilchenblau, die Kerne dunkelblau, die Kapseln bleiben ungefärbt. In Ehrlich-Biondi'scher Mischung (Kap. V Nr. 45) wird die Knorpelsubstanz leuchtend grünlich.

Elastischer oder Netz-Knorpel wird entweder wie der hyaline behandelt oder vergoldet (Kap. II Nr. 28 u. ff.) und in Alkohol gehärtet.

Faserknorpel wird in KLEINENBERG'scher Lösung (Kap. II Nr. 18) fixiert, langsam erhärtet und beliebig gefärbt.

Organe, welche Knorpel enthalten, durchtränken sich in Paraffin sehr schwer, sie müssen daher sehr lange, 3—4 Tage, in Chloroform verweilen.

β. **Knochen.** *Knochenschliffe* stellt man dar, indem man einen feinen Sägeschnitt zwischen zwei Schleifsteinen so lange reibt, bis er durchsichtig und papierdünn geworden ist. Einschluſs in eingedicktem Terpentinkanada. Will man *Schnitte* machen, so muſs man fixieren, erhärten und dann entkalken (Kap. II Nr. 36—38); nach vollendeter Entkalkung wird nochmals gehärtet. Hierfür ist besonders Pikrinsalpetersäure (Kap. II Nr. 20) zu empfehlen. Färbung mit Plasma- und Kernfarbstoffen; vorzüglich ist Orange G-Hämatoxylin (Kap. V Nr. 43). Knochenhaltige Organe, wie die Nase, die Gehörschnecke etc. durchtränken sich sehr schwer; sie müssen daher, wie knorpelhaltige, lange in Chloroform verweilen. Zur Darstellung der *Sharpey*'schen *Fasern* werden Knochenschnitte in 0,75 $^0/_0$ Kochsalzlösung zerzupft (citiert nach STÖHR).

Ähnlich wie Knochen werden *Zähne* untersucht.

Knochenmark wird beliebig fixiert, erhärtet und dann gefärbt.

γ. **Bindegewebe.** Das *gallertige Bindegewebe* studiert man am Nabelstrang, den man in Chromsäure, FLEMMING'scher Lösung, Pikrinsalpetersäure oder Sublimat fixiert (Kap. II Nr. 3, 14, 20, 23) und in Paraffin eingebettet hat (Kap. III). Die Schnitte färbt man beliebig.

Das *fibrilläre Bindegewebe* wird am Omentum eines Säugetieres am besten studiert, und zwar entweder frisch in 0,75 % Kochsalzlösung oder nach Färbung in Alaunhämatoxylin oder Bismarckbraun (Kap. V).

Elastische Fasern sieht man bei Beobachtung des vorigen Objektes nach Zusatz von Essigsäure. Versilberung dürfte hier auch von Vorteil sein (Kap. II Nr. 26).

Sehnen, am besten aus dem Schwanze kleiner Säuger entnommen, zerzupft man leicht und färbt sie in einem Alaunhämatoxylin (Kap. V).

Die *interstitiellen Bindesubstanzen*, namentlich wirbelloser Tiere, werden nach der Empfehlung von BROCK aus Sublimatpräparaten entnommen, indem man die feinen Lamellen vorsichtig herauspräpariert und sie dann mit Alaunhämatoxylin (Kap. V) intensiv färbt.

c. Muskel- und Nervengewebe.

α. **Quergestreifte Muskeln** werden *frisch* nach leichtem Zerzupfen in 0,75 % Kochsalzlösung oder nach Zusatz von Essigsäure am besten vom Frosch oder vom Fluſskrebs untersucht. Namentlich der langfasrige extensor abdominis des letzteren Tieres liefert ein ausgezeichnetes Objekt. *Querschnitte* derselben werden mit dem Gefriermikrotom gemacht (cfr. I. Abschnitt). Ferner sind zu eingehenden Studien die verschiedenen Vergoldungsmethoden zu benutzen (Kap. II Nr. 28, 29, 31, 34), sowie zur *Isolation* der einzelnen Fibrillen die KÜHNE'sche und die SANDMANN'sche Methode, letztere mit nachfolgender Vergoldung (Kap. I Nr. 21, 22). Um die sogenannten *Sarcous elements* (cfr. die Lehrbücher der Histologie und Physiologie) darzustellen, sind geeignet ein Einlegen in 0,5 %—1 % Essigsäure oder noch besser 0,5 %, 0,1 % oder 0,05 % Salzsäure. Schon nach einigen Stunden Einwirkung ist der gewünschte Effekt eingetreten. *Organe*, welche Muskeln enthalten, *fixiert* man am besten in Chromsäure, Chromessigsäure, FLEMMING'scher Lösung, Pikrinschwefelsäure, Pikrinsalpetersäure oder Palladiumchlorür (Kap. II Nr. 3, 5, 6, 14, 18, 19, 20, 21, 24) und färbt beliebig. In *Orange G-Hämatoxylin* (Kap. V Nr. 43) nehmen die Muskeln einen schönen gelben Farbenton an, während die Kerne blau werden, in Alaunkarmin (Kap. V Nr. 6) färbt sich häufig die quergestreifte Substanz rötlich. Bei Färbung mit Indigkarmin — Boraxkarmin (Kap. V Nr. 38), die ausgezeichnete Resultate liefert, ist die quergestreifte Substanz bei deutlicher Erhaltung ihrer histiologischen Eigentümlichkeiten leuchtend blaugrün, die Kerne tiefrot. Die Bestandteile der quergestreiften Muskelfaser zeigen *im polarisierten Lichte* verschiedene optische Eigenschaften. Über die Anwendung eines Polarisationsapparates, sowie über die Bedeutung der damit an diesem Objekt gewonnenen Resultate geben die Lehrbücher der Histiologie und Physiologie den nötigen Aufschluß.

β. **Die glatte Muskulatur** studiert man frisch am besten an der Blase des Frosches unter Zusatz indifferenter Flüssigkeiten (0,75 $^0/_0$ Kochsalzlösung, humor aqueus etc.). Zur Isolation der einzelnen Zellen ist dünne Chromsäure oder 20 $^0/_0$ Salpetersäure (Kap. 1 Nr. 7, 20) empfehlenswert. Organe, welche glatte Muskeln enthalten, werden zur Untersuchung von Schnitten beliebig fixiert gehärtet und gefärbt. Zur Färbung, namentlich bei Evertebraten, ist mit brillantem Effekt Indigkarmin-Boraxkarmin (Kap. V Nr. 38) zu verwenden.

γ. **Markhaltige Nervenfasern** untersucht man *frisch* am besten vom ischiadicus des Frosches nach Zerzupfen in 0,75 $^0/_0$ Kochsalzlösung. Man darf nur ein höchstens 2 mm. langes Stück, das auch nicht zu dick zu wählen ist, nehmen und entfernt zunächst mit den Nadeln das Neurilemma. Bei größeren und voluminöseren Particien gelingt das Zerzupfen in nur mäßigem Grade. Um den Axencylinder am frischen Materiale schnell und deutlich zur Anschauung zu bringen, zerzupft man den vom eben getödteten Tiere entnommenen Nerven schnell auf dem Objektträger ohne Zusatz, gießt dann entweder einen Tropfen *Kollodium* oder *Äther* auf, deckt geschwind ein und untersucht. Namentlich mit der ersten, von PFLÜGER angegebenen Methode erhält man ganz ausgezeichnete Bilder. Um die Details der Nervenfaser, namentlich um die RANVIER'sche Einschnürung gut sehen zu können, behandelt man ein Stückchen Froschischiadicus mit 0,2 $^0/_0$ Argentum nitricum-Lösung und zerzupft nach eingetretener Reduktion in Glycerin; solche Präparate können aufgehoben werden (Kap. II Nr. 26). Oder man färbt 24 Stunden in dünner Fuchsinlösung, wäscht aus und zerzupft in Kali aceticum (Kap. V Nr. 28). Oder endlich man zerzupft in 0,1 $^0/_0$ — 1 $^0/_0$ Osmiumsäure (Kap. I Nr. 12). Ein solches Präparat kann man auswaschen, indem man an die eine Seite des Deckglases einen Tropfen destillierten Wassers bringt und auf der anderen mit Fließpapier das Osmium absaugt. Ersetzt man in derselben Weise durch Glycerin das Wasser, so kann man derartige Zupfpräparate oft lange aufheben. Um Nervenfasern leicht zu *isolieren*, ist das von NEUMANN angegebene Verfahren anzuwenden (Kap. I Nr. 13). Wasser, Alkalien wirken in höchstem Grade alterierend auf den Nerven ein, doch ist ihr Gebrauch beim Studium der *Myelinformen* notwendig. Am *lebenden Tiere* studiert man markhaltige Nerven am besten am Frosch, und zwar in der Zunge, in dem Mesenterium, oder nach der HOLMGREN'schen Methode in der Lunge des curaresierten Tieres. Um *Schnitte* anzufertigen, fixiert man markhaltige Nerven am besten in MÜLLER'scher Flüssigkeit (Kap. II Nr. 8). Damit das Verkrümmen in der fixierenden Flüssigkeit vermieden wird, schiebt man unter den Nerven einen schmalen Holzstab, der etwas breiter als der Nerv sein muſs, und bindet auf demselben den Nerven an beiden Enden fest. Dann wirft man den Holzstab, das Objekt nach unten, in die Fixierungsflüssigkeit. Nach 8—10 Tagen wird direkt in 96 $^0/_0$ Alkohol übergeführt, der häufig zu wechseln ist. Man färbt mit Pikrokarmin (Kap. V Nr. 34. 37) durch und schmilzt in bekannter Weise in Paraffin ein. Die Schnitte brauchen nicht zu dünn zu sein. Die Axencylinder sind intensiv rot, das Mark farblos oder, wenn noch Pikrin im Präparate geblieben ist, gelb. Um das in letzter Zeit beschriebene Gerüst des Achsencylinders darzustellen, fixiert man in 1 $^0/_0$ Osmiumsäure und färbt mit wässriger Lösung von Säurefuchsin. Auch die KÜHNE'sche Verdauungsmethode (Kap. I Nr. 25) ist gelegentlich anzuwenden, um die sogenannten Hornscheiden sichtbar zu machen.

δ. **Die marklosen oder grauen Fasern** untersucht man im Sympathicus des Frosches, in den Nerven der Cyclostomen oder bei Evertebraten, hier am besten bei Mollusken. Und zwar entweder frisch zerzupfte in 0,75 $^0/_0$ Kochsalzlösung oder nach Behandlung mit 0,1 $^0/_0$—1 $^0/_0$ Osmiumlösung oder endlich nach Färbung in 0,1 $^0/_0$ Goldchloridlösung. Die Reduktion des letzteren wird in angesäuertem Wasser vorgenommen.

ε. **Die Endigungsweise der motorischen Nerven** studiert man am besten an Muskeln von Kaltblütern (Frosch, Eidechse). Kleine Stückchen der Muskeln werden vergoldet (Kap. II Nr. 29. 31. 34), dann in verdünntem Glycerin leicht zerzupft und eingedeckt. Haltbar sind die Präparate nicht, da mit der Zeit das Gold so nachdunkelt, daſs fast nichts mehr zu erkennen ist.

ζ. **Die Endigungsweise der sensiblen Nerven** wird ebenfalls am besten nach Vergoldung der Objekte untersucht. Hierfür eignen sich die im Kap. II unter Nr. 28, 30, 32, 33 und 34 angeführten Vergoldungsmethoden. Die Schnitte, die man durch die violett gefärbte Gewebspartie legt — und diese Nuance ist die beste — sind möglichst fein zu machen. Ob sich Paraffineinschmelzung für *alle* vergoldeten Objekte eignet, kann ich aus eigner Erfahrung nicht sagen. Um die sogenannten GRANDRY'schen Tastkörperchen zu erkennen, fixiert man kleine Stückchen der gelben, den Seitenrand des Oberschnabels von Ente oder Gans überziehenden Haut 24 Stunden in 2 % Osmiumsäure, wäscht gut in häufig zu wechselndem, destilliertem Wasser aus und härtet in 96 $^0/_0$ Alkohol. Man kann die dünnen Schnitte eventuell auch mit einem Kernfärbemittel nachträglich behandeln. Vielleicht ist gerade für diese Gebilde die Osmiumgoldmethode von RETZIUS (Kap. II Nr. 35) geeignet. Die VATER'schen Tastkörper untersucht man aus dem Omentum einer frischgetödteten Katze in einer indifferenten Flüssigkeit. Man erkennt sie schon makroskopisch als weiſse

Knötchen. Zur dauernden Aufbewahrung fixiert man 1—2 Stunden in 1 % Osmiumsäure, wäscht aus und schliefst in Glycerin oder 50 % Kali aceticum ein.

d. Verdauungsapparat.

α. Der Verdauungskanal. Zur *Isolation der Epithelien* des Magens und des Darmkanals ist ⅓ Alkohol, ¼ Alkohol, dünne Chromsäure oder 0,1 % Osmiumsäure geeignet (Kap. I Nr. 1, 3, 4, 12). Die *Fixierung* erfolgt am besten in Chromsäure, FLEMMING'scher Lösung, Pikrinsalpetersäure oder Sublimat (Kap. II Nr. 3, 14, 20, 23). Auch absoluter Alkohol (Kap. II Nr. 1) liefert gute Resultate. Widerraten möchte ich nach meinen Beobachtungen MÜLLER'sche Lösung, Pikrinschwefelsäure, reine Pikrinsäure. Für Tracheaten sind die empfohlenen Mischungen heifs, bei circa 60°—70° C., anzuwenden. Es ist, soweit meine eigne Erfahrung reicht, sehr schwer, die einzelnen Partieen des Verdauungskanales, besonders den Dünndarm, gut zu fixieren; man bekommt, namentlich von den Darmdrüsen, trotz der gröfsten angewandten Sorgfalt sehr häufig ganz unbrauchbare Bilder, wo man mit Sicherheit auf einen günstigen Erfolg glaubte rechnen zu können. Das zuverlässigste Reagens ist noch die FLEMMING'sche Lösung. Unter allen Umständen mufs der Darmkanal vom eben getödteten Tiere genommen werden, er mufs bei Warmblütern noch warm sein und noch peristaltische Bewegungen zeigen; ist das nicht der Fall, so ist das Material ganz unbrauchbar. Auch tut man gut, bei Säugern nicht alte, sondern junge Tiere zu wählen. Bei alten Tieren ist die Submucosa meistens so zäh, fast sehnig, dafs ihre Durchtränkung in Paraffin fast unmöglich ist. Überhaupt geht Paraffin in den Verdauungskanal, namentlich in den Magen schwer hinein; die Objekte müssen daher sehr lange in Chloroform verweilen. Infolge seines grofsen Muskelreichtums kontrahiert sich der Darmkanal bei der Fixierung sehr heftig; man mufs ihn daher, will man anders brauchbares Untersuchungsmaterial erhalten, sehr sorgfältig auf Kork mit Igelstacheln oder zugespitzten hölzernen Schusternägeln festheften. Man wirft den Kork mit dem Objekt nach unten in die Fixierungsflüssigkeit. Mehr als bei jedem anderen Organe ist hier auf ein absolutes Klarbleiben der Fixierungsflüssigkeit zu achten. Der dem Epithel des Darmtraktus anhaftende Schleim trübt das Reagens, das daher häufig zu erneuern ist. Die dem Darm anhaftenden Kotpartikel, wenn sie nicht gröfsere Ballen darstellen, entfernt man am besten durch häufiges Schütteln des Korkes in der Fixierungsflüssigkeit; Abstreifen derselben ist zu widerraten. Zur Untersuchung der *Magendrüsen* ist besonders Hämatoxylin (Kap. V) als Färbungsmittel zu empfehlen, für den Dünn- und Dickdarm Bismarckbraun, da in diesem Reagens die Becherzellen als intensiv dunkelbraune Gebilde sich von den hellbraun oder gelblich gefärbten übrigen Elementen auf das schärfste abheben. Ferner liefert die Färbung mit dem EHRLICH-BIONDI'schen Gemisch (Kap. V Nr. 45) sehr instruktive Bilder. Sehr gut ist endlich für die Organe die Anwendung der HEIDENHAIN'schen Hämatoxylinmethode (Kap. V Nr. 16); doch ziehe ich hier die Schnittfärbung der Durchfärbung vor. Widerraten möchte ich die Anwendung von Eosin-Hämatoxylin: diese Färbung liefert zu massive Bilder, sie ist meist so intensiv, dafs man feinere Details kaum erkennen kann.

Der *Nervenapparat des Darmes* ist bekanntlich ein doppelter; man unterscheidet den submukösen Plexus von MEISSNER und den sogenannten Plexus myentericus von AUERBACH. Um den ersteren zu präparieren, legt man ganz frische Dünndarm- oder Kolonstücke vom Meerschweinchen oder der Maus — Kaninchen und Hund sind hierfür weniger geeignet, weil die einzelnen Darmhäute zu dick sind — in eine dünne Lösung gereinigten Holzessigs oder in eine Essigsäure von etwa 0,1 %. Noch besser aber füllt man ein Stück unaufgeschnittenen Darmes, dessen eines Ende zugebunden ist, mit einer der Lösungen an, bindet das andere Ende ebenfalls zu und legt das Stück in den Holzessig oder die Essigsäure. Häufig schon nach 24 Stunden, manchmal nach 2 oder 3 Tagen ist die Präparation möglich, die so vorgenommen wird, dafs man am aufgeschnittnen und fest ausgespannten Darm mit einer auf die Fläche gebogenen feinen Schere die Mucosa leicht anschneidet, in die Schnittöffnung eine feine Pinzette mit platten Branchen schiebt, zuerst die Mucosa und dann die sehr dünne Submucosa sorgfältig und schonend abzieht. Letztere untersucht man entweder in dünnem Glycerin oder man vergoldet, indem man auf 24 Stunden in eine 0,1 % Goldchloridlösung bringt, nach Abwaschen in destilliertem Wasser, in leicht angesäuertem Wasser bei Tageslicht die Reduktion sich vollziehen läfst und dann in verdünntem Glycerin aufhebt. Das Nervengeflecht mit den Ganglienhaufen tritt jetzt sehr schön hervor. In gleicher Weise kann man verfahren, wenn man den Plexus myentericus AUERBACHS untersuchen will, nur dafs man in diesem Falle die Submucosa zusammen mit der Mucosa abzieht. Auch hier liefert die Vergoldung sehr schöne Bilder. Zur Untersuchung des Darmnervenapparates der Lungenschnecken (derselbe bildet hier keine Plexus) genügt ein etwa 12stündiges Einlegen in dünne Essigsäure mit nachfolgender Vergoldung. Anstatt des Holzessigs oder der Essigsäure kann man auch nach der Angabe von LEO GERLACH für 12—24 Stunden in verdünnte Lösung des doppelt chromsauren Kali einlegen oder für gleiche Zeit in 10 % Kochsalzlösung bringen. Letztere Methoden ermöglichen ein Nachfärben in Karmin.

Sehr wichtig ist das Studium der *Lymphgefäfse* der Darmzotten. Entweder nimmt man dazu injiziertes Material, das durch Einstichinjektion hergestellt wurde, oder man untersucht den frischen Darm eines Tieres, das circa 5—6 Stunden nach einer reichlichen Mahlzeit getödtet wurde.

β. **Die grofsen Verdauungsdrüsen.** Bei diesen Gebilden, der Parotis, Submaxillaris, Sublingualis, dem Pankreas und der Leber, haben Isolationen wenig Zweck. Will man einzelne Drüsenschläuche haben, so kann man Oxalsäure oder reine Salzsäure verwenden, nach den in Kap. I Nr. 18 und 23 gegebenen Vorschriften. Wirklich verwertbare Bilder erhält man nur an *Schnitten*, die von sorgfältig fixiertem und in Paraffin eingebettetem Materiale angefertigt wurden. Durchfärbung ist hier durchaus zu vermeiden, da dabei die in den Drüsen, mit Ausnahme der Leber, vorhandenen verschiedenen Sekretionsstadien nicht so deutlich zu Tage treten, wie nach Schnittfärbungen. Die genannten Drüsen sind sehr zellenreiche kompakte Organe, die sich schwer fixieren lassen; man mufs daher hier stets sehr kleine Stücke in viel Flüssigkeit bringen. Als *Fixierungsmittel* stehen meines Erachtens obenan FLEMMING'sche Lösung und Pikrinsalpetersäure (Kap. II

Nr. 14 und 20), weniger gut ist Sublimat und absoluter Alkohol (Kap. II Nr. 23 und 1), ganz zu widerraten sind reine Pikrinsäure und MÜLLER'sche Lösung. Schnitte von der Leber färbt man am besten einfach, bei den andern Drüsen sind aufserdem Doppelfärbungen und die EHRLICH-BIONDI'sche Flüssigkeit sehr angebracht. Um die verschiedenen Phasen der Sekretion, das Stadium der Sekret gefüllten und der Sekret leeren Zelle genauer studieren zu können, hat man die Nerven der Drüsen mit dem inducierten Strome gereizt. Hierüber sind die Lehrbücher der Histiologie und Physiologie zu Rate zu ziehen. Rationeller dünkt es mir zu sein, wenn man die nicht gereizte Drüse untersucht. Alle diese Organe sondern beständig ihr Sekret ab, man mufs also, sind überhaupt tätige und ruhende Drüsenzellen voneinander verschieden, die einzelnen Stadien auch in der nicht gereizten Drüse nebeneinander finden, wenn das auch bei dem Volumen der Organe nicht gerade leicht ist. Bequemer zum Studium dieser Erscheinungen, weil weniger voluminös, sind die Drüsen wirbelloser Tiere, namentlich der Mollusken.

Um die *Vascularisation* der Leber zu studieren, ist es notwendig, eine dreifache Injektion vorzunehmen, nämlich die der Arterie, der Vena portarum und des Ductus hepaticus. Dazu ist grofse Übung erforderlich und man wird, ehe man dieselbe erlangt hat, nur Mifserfolge zu verzeichnen haben. Schnitte von gelungenen Injektionen kann man zur Deutlichmachung der Kerne der Zellen nachfärben.

c. Atmungs- und Kreislaufsapparat.

α. **Atmungsapparat.** *Frisch* sind die *Schleimhäute* der Luftwege zu untersuchen, um die Bewegungen der Haare des Flimmerepithels studieren zu können. Man öffnet zu diesem Zwecke von einem kleinen Säugetiere die *Trachea*, hebt mit einer feinen Pinzette eine Schleimhautfalte hoch, schneidet diese an ihrer Basis ab und bringt sie in einen Tropfen 0,75 % Kochsalzlösung. Man stellt auf den Rand des Präparates ein. Zur *Fixierung*, um eventuell Dauerpräparate zu erhalten, ist absoluter Alkohol und Pikrinsalpetersäure (Kap. II Nr. 1 und 20) zu empfehlen. Ebenso sind diese Fixierungsflüssigkeiten zur Untersuchung von *Lungen* und *Kiemen* geeignet. Um das die Lungenalveolen auskleidende *Endothel* zur Anschauung zu bringen, behandelt man entweder einen vom frischen Material mit VALENTIN'schem Doppelmesser (cfr. I. Abschnitt) angefertigten Schnitt mit Argentum nitricum-Lösung (Kap. II Nr. 26) und zerzupft nach eingetretener Reduktion in verdünntem Glycerin. Oder man injiziert mit einer kleinen Spritze eine $1/2\,\% - 1\,\%$ Argentum nitricum-Lösung in einen Bronchiolus, härtet nach eingetretener Reduktion in Alkohol und untersucht den feucht angefertigten, nicht gar zu dünnen Schnitt in Glycerin.

β. **Kreislaufsapparat.** Die *Muskulatur des Herzens* untersucht man entweder an *frischen Zupfpräparaten* oder man sucht die einzelnen Muskelfasern in ähnlicher Weise zu *isolieren*, wie dies bei Besprechung der quergestreiften Muskulatur (Abschnitt II c) näher angegeben wurde. Zur *Fixierung* eignet sich am besten Pikrinsalpetersäure (Kap. II Nr. 20), zur Färbung Indigkarmin-Boraxkarmin und Orange G-Hämatoxylin (Kap. V Nr. 38, 43). Die *Nervenapparate* des *Herzens* lassen sich am leichtesten im Septum atriorum des Froschherzens beobachten. Man präpariert dasselbe unter Wasser aus dem noch schlagenden Herzen heraus, vergoldet dann (Kap. II Nr. 28—34) und zerzupft ganz leicht nach eingetretener Reduktion in verdünntem Glycerin oder Kali aceticum.

Die Struktur der *Aorta* und der *gröfseren Arterien* studiert man an Schnitten, die von einem beliebig fixierten Material entweder feucht oder nach Einschmelzung in Paraffin gemacht wurden. Die anzuwendende Tinktionsflüssigkeit kann nach Geschmack gewählt werden.

Die *kleineren Arterien* untersucht man am besten in den Organen. Man findet in denselben stets eine Menge Quer-, Schräg- und Längsschnitte der Gefäfse, die genügend instruktive Bilder liefern.

Zur Erkennung der *endothelialen Zusammensetzung der Kapillaren* injiziert man eine Arterie des Mesenteriums eines Frosches oder eines kleinen Säugers mit Argentum nitricum-Lösung (Kap. VII Nr. 6).

Sehr schöne und instruktive *Übersichtspräparate von kleinen Arterien, Kapillaren und Venen* erhält man nach der Empfehlung von ORTH, wenn man die Pia mater eines Säugetiergehirnes untersucht. Man fafst ein Stück Pia mit einer Pinzette, so dafs die Gefäfse aus der Gehirnrinde sich herausziehen. Mit einem feinen Pinsel, der stets mit 0,75 °/₀ Kochsalzlösung feucht zu erhalten ist, entfernt man unter sanften Bewegungen die anhaftenden Hirnteile. Man kann das so erhaltene Präparat noch ganz leicht zerzupfen. Färbung beliebig.

Die *Venen* behandelt man wie die Arterien.

f. Blutgefäfs- und Lymphdrüsen.

Die zelligen Elemente der Blutgefäfsdrüsen, nämlich der Milz, Nebenniere, Thymus und Thyreoidea, sowie die der Lymphdrüsen untersucht man *frisch* so, dafs man einen Schnitt durch das vom eben getödteten Tiere entnommene Organ macht und das, was auf dem Messer dabei haften bleibt, mit einem in 0,75 °/₀ Kochsalzlösung getauchten Pinsel auf einen Objektträger in einen Tropfen gleich starker Kochsalzlösung überführt. Oder man drückt das Messer auf die Schnittfläche fest auf, streicht den hervorquellenden Inhalt des betreffenden Organes mit dem Messerrücken ab und bringt ihn in derselben Weise, wie vorhin beschrieben, in einen Tropfen 0.75 °/₀ Kochsalzlösung auf einen Objektträger. Zur *Fixierung* der genannten Organe eignen sich am besten Chromsäure, FLEMMING'sche Lösung, Pikrinsalpetersäure und Sublimat (Kap. II Nr. 3, 14, 20, 23). Da die Milz, Nebenniere etc. sehr zellenreiche, also kompakte Organe sind, so sind möglichst kleine Stücke in viel Fixierungsflüssigkeit zu bringen. Die Färbung der von Paraffinpräparaten gemachten Schnitte ist vorteilhaft als Doppel- oder Dreifachfärbung vorzunehmen (Kap V). Die Untersuchung der *Lymphgefäfse* in diesen Organen erfolgt an Präparaten, die mittels der Einstichmethode (Kap. VII) gewonnen wurden.

g. Harnapparat.

Zur *Isolation* der einzelnen Bestandteile der Niere ist konzentrierte wässrige Oxalsäurelösung oder reine Salzsäure zu nehmen (Kap. I Nr. 18 u. 23). Bei *Fixierung* in Alkohol ist es vorteilhaft, vorher die Nierenarterie mit diesem Reagens zu injizieren. Bei der Niere *wirbelloser* Tiere ist FLEMMING'sche Lösung, Pikrinsalpetersäure oder Sublimat (Kap. II Nr. 14, 20, 23) zur Fixierung zu verwenden. Die Färbung kann beliebig vorgenommen werden. Bei kleinen Nieren, z. B. von der Maus, gelingt es leicht, dünne Schnitte durch das ganze Organ zu erhalten, bei gröfseren ist dies dagegen sehr schwer, hier mufs man die einzelnen Teile, Mark und Rinde, gesondert schneiden. Gute *Injektionen* von der Niere zu erlangen, ist sehr schwer, da man, wenn die Bilder instruktiv sein sollen, die Verzweigungen der Arterie und der Vene anfüllen mufs. Über die Injektion mit indigschwefelsaurem Natron cfr. die Lehrbücher der Histologie und Physiologie.

Um bei der *Fixierung* des *Ureter* Verkrümmungen zu vermeiden, ist es notwendig, denselben in der gleichen Weise aufzuspannen, wie dies für die markhaltigen Nerven angegeben wurde (Abschnitt II c). Fixierung und Färbung beliebig.

Die Muskulatur der *Blase* ist als Paradigma für glatte Muskeln anzusehen (über die Methoden siehe Abschnitt II c). Die *Epithelien* der Blase, die sehr interessante Bilder liefern, isoliert man mittels $^1/_3$ Alkohol, dünner Chromsäure oder dünner Pikrinsäure (Kap. I Nr. 1, 4, 16). Zum Studium der *Nerven* dient die Untersuchung frischer oder vergoldeter Harnblasen. Um das Eindringen des Goldes zu erleichtern, entfernt man durch Pinseln der Innenfläche, was unter 0,75 % Kochsalzlösung zu geschehen hat, zuerst das Epithel. Um *Schnittpräparate* von der Blase anfertigen zu können, dürfte es sich empfehlen, damit Zerrungen und Verkrümmungen vermieden werden, das Organ mit der Fixierungsflüssigkeit anzufüllen, zuzubinden und so in seiner natürlichen Ausdehnung in ein grofses Quantum derselben Fixierungsflüssigkeit, die beliebig gewählt werden kann, für längere oder kürzere Zeit einzulegen. Zur langsamen Erhärtung läfst man zunächst das ins Innere der Blase gebrachte Reagens heraus und füllt mit dem Alkohol der jeweiligen Konzentrationsstufe an.

h. Genitalapparat.

Um die *Samenfäden* und die *Hodenzellen* frisch zu untersuchen, schneidet man den *Hoden* an und bringt von dem hervorquellenden Inhalt etwas auf einen Objektträger. Man deckt ohne weiteren Zusatz mit einem Deckgläschen ein und kann nun, um die einzelnen Elemente durch Färbung deutlicher sichtbar zu machen, seitlich einen Tropfen einer Bismarckbraun- oder Alaunhämatoxylin-Lösung hinzusetzen. Die Bismarckbraunlösung wird so hergestellt, dafs man ein wenig von dem Farbstoff in einer dünnen Essigsäure (höchstens 1 %) löst. Zur Isolation der Hodenelemente ist $^1/_3$ Alkohol, dünne Chromsäure etc. zu empfehlen (Kap. I Nr. 1, 4 etc.). Zur Fixierung sind vor allen andern Mitteln FLEMMING'sche Lösung und Pikrinsalpetersäure (Kap. II Nr. 14 und 20) verwertbar, andere Fixierungen sind nicht recht geeignet. Man färbt Schnitte vom Hoden in Fuchsin, Safranin (Kap. V Nr. 27, 31), in Hämatoxylin nach HEIDENHAIN'scher Vorschrift, wenn in Pikrinsalpetersäure fixiert worden, (Kap. V Nr. 16); auch kann man die BENDA'sche Kupferhämatoxylinfärbung anwenden (Kap. V Nr. 18a), etc. etc.

Das in vorstehenden Zeilen Gesagte findet auf Nebenhoden, Vas deferens, Prostata und Urethra sinngemäfse Anwendung.

Die *Ovarien* fixiert man in Alkohol absolutus, FLEMMING'scher Lösung, Pikrinsalpetersäure oder Sublimat (Kap. II 1, 14, 20, 23) und färbt beliebig. Vorzügliche Bilder erhält man bei Anwendung der HEIDENHAIN'schen Hämatoxylinfärbung (Kap. V Nr. 16); doch müssen dann die Schnitte sehr dünn sein, 5 μ Dicke auf keinen Fall übersteigen: noch besser ist es, wenn man sie nur 3 μ stark macht.

Die *Milchdrüsen* untersucht man *frisch* in derselben Weise, wie dies für die frische Untersuchung des Hodens angegeben wurde. Zur *Fixierung* und *Färbung* sind die für die Behandlung der Ovarien angeführten Methoden zu verwenden.

Tuben, Uterus, Vagina fixiert und färbt man in beliebiger Weise, oder man isoliert die Muskulatur so, wie dies für glatte Muskeln überhaupt unter c dieses Abschnittes beschrieben wurde.

i. Zentralnervensystem.

Zur *Isolation* der *Nervenzellen* in Gehirn und Rückenmark sind die in Kap. I Nr. 2, 3, 5, 9, 10, 16 und 17, für die Spinal- und sympathischen Ganglien die in Kap. I Nr. 6 beschriebenen Methoden zu verwenden. Man muſs selbstverständlich kleine Stücke in ein entsprechendes Quantum Flüssigkeit einbringen. Nachfärben kann man mit einer beliebig dünnen Goldlösung oder mit Pikrokarmin (Kap. V Nr. 34—37); Zerzupfen und Aufheben nach der Färbung in verdünntem Glycerin. Noch besser fast, als nach Anwendung der citierten Isolationsmethoden, kann man die Verästelungen der polyklonen Ganglienzellen in Gehirn und Rückenmark durch die GOLGI'sche Methode erkennen (Kap. II Nr. 27). Zur *Fixierung* kleiner Stückchen soll sich reine Pikrinsäurelösung (Kap. II Nr. 17) eignen, auf die dann die BENDA'sche Eisenhämatoxylinfärbung zu folgen hätte (Kap. V Nr. 18). Ganze Gehirne und Rückenmarke lassen sich gut nur in MÜLLER'scher Flüssigkeit (Kap. II Nr. 8) fixieren und härten, weniger empfehlenswert ist die ERLICKI'sche Mischung (Kap. II Nr. 9). Nach längerem oder kürzerem Verweilen in der MÜLLER'schen Lösung kann man mit Hilfe des GUDDEN'schen Mikrotoms (Kap. IV Nr. 1; cfr. auch Kap. III Nr. 4) vollständige Schnittserien herstellen, die einzelnen Schnitte werden in ammoniakalischem Karmin (Kap. V Nr. 1) oder in einem Pikrokarmin (Kap. V 34—37) gefärbt. Oder man bringt die Objekte aus der MÜLLER'schen Lösung direkt in 96 %, Alkohol, in welchem sie während mehrerer Wochen, bei Aufbewahrung im Dunkeln, nachgehärtet werden. Dann bettet man in Celloidin ein (Kap. III Nr. 6) und färbt die einzelnen Schnitte in Hämatoxylin nach der WEIGERT'-schen Methode oder nach einer Modifikation derselben (cfr. Kap. V Nr. 19, 20, 21). Zur Erleichterung der Färbung und zur besseren Erhaltung der Schnitte kann man sich auch WEIGERT's Methode der Collodiumlappen (Kap. IV e) mit der dafür bestimmten Aufhellung (Kap. VI Nr. 11) bedienen. *Spinalganglien, sympatische Ganglien*, sowie die *groſsen Ganglien des Trigeminus und Vagus* färbt man wie Gehirn und Rückenmark.

k. Haut.

Die Untersuchung der *Hautdecke* geschieht am besten ausschlieſslich an fixiertem Materiale. Am geeignetsten zur Fixierung sind meines

Erachtens Chromsäure, FLEMMING'sche Lösung, Pikrinsalpetersäure und Pikrinosmiumsalpetersäure (Kap. II Nr. 3, 14, 20 und 21); allenfalls kann man noch, wenn es sich nur um die Herstellung von Übersichtsbildern handelt, MÜLLER'sche Lösung (Kap. II Nr. 8) in Anwendung nehmen. Man muſs bei Fixierung von Hautstücken auf zweierlei ganz besonders achten. Erstens verkrümmen sich kleine Hautstückchen im fixierenden Reagens ganz auſserordentlich, so daſs man dann jede Möglichkeit, das Objekt richtig zu orientieren, verliert. Mehr als an jedem anderen Organe hat man daher vor dem Einbringen in das Reagens für eine ausreichende Befestigung auf starrer Unterlage zu sorgen. Zweitens durchtränkt sich die Haut sehr schwer, man muſs daher stets viel Flüssigkeit verwenden. Der gleiche Übelstand, das schwere Durchtränken, hat auch statt, wenn man in Paraffin einschmilzt. Ich kann für den letzteren Zweck nach meinen Erfahrungen nur raten, die Hautstückchen, ehe sie in Chloroformparaffin kommen, 4—5 Tage in reinem Chloroform zu lassen; erst dann ist man sicher, daſs das Paraffin alle Schichten gleichmäſsig durchdringt. Will man die Fettbildung studieren, dann wird man von der Paraffin- oder Celloidinmethode überhaupt Abstand nehmen und die Schnitte, wie dies in Kap. III Nr. 3 angegeben wurde, feucht anfertigen müssen. Sehr empfehlenswert ist hier die Nachbehandlung des mit FLEMMING'scher Lösung oder Pikrinosmiumsalpetersäure-Mischung behandelten Materiales mit rohem Holzessig nach der Methode von MÄHRENTHAL (Kap. II Nr. 16); man ist der nachträglichen Färbung der Schnitte enthoben und erhält ungemein instruktive Bilder.

Zur Darstellung der *Nervenendigungen* in der Haut ist die Vergoldung anzuwenden, und zwar am zweckmäſsigsten wohl nach der FLEMMING'schen Methode (Kap. II Nr. 33). Zur Sichtbarmachung des *elastischen Fasernetzes* ist die Versilberung frischer Hautteile vorzunehmen.

Um die *Leisten der Haut* zu studieren, hat BLASCHKO einer originellen Methode sich bedient. In der Haut sogenannter faultodter Früchte lösen sich intrauterin Epidermis und Cutis voneinander, ohne daſs die Gewebselemente zerstört werden. Man reinigt die Oberhaut der Frucht und zieht dann die Haut in groſsen Lappen von der Unterlage ab. Der abgezogene Lappen wird mit der Schleimschicht nach oben auf einem Objektträger ausgebreitet und in halb trocknem Zustande mit BÖHMER'schem Hämatoxylin (Kap. V Nr. 9) übergossen. Nach 3—5 Minuten wird das Objekt abgespült und entweder in Glycerin untersucht oder nach Entwässerung in Alkohol, Aufhellung in Nelkenöl, in Kanadabalsam eingeschlossen, oder endlich auf dem Objektträger angetrocknet. In letzterem Falle ist das Präparat nach 1—2 Tagen genügend trocken und kann als papierdünne Schicht vom Objektträger abgehoben werden. Man bringt das Präparat auf einen neuen Objektträger und begieſst mit einer reichlichen Menge Kanadabalsam, der nach wenigen Tagen lufttrocken ist. Solche Präparate, die man lange aufbewahren kann, liefern bezüglich der Demonstration der Hautleisten die instruktivsten Bilder.

Um die *Absonderungsgebilde der Haut*, Haare, Nägel, Federn etc. zu untersuchen, unterwirft man sie entweder einer längeren Einwirkung starker Säuren (Essig-, Salz-, Schwefelsäure) oder kocht sie in Alkalien (Natron-, Kalilauge). Der damit erzielte Effekt ist selbstverständlich ein verschiedener, worüber die Lehrbücher der Histiologie zu konsultieren sind.

Um die Elemente der *Haargebilde* an *Schnitten* gut sichtbar zu machen, ist die Dreifachfärbung Pikrokarmin-Hämatoxylin (Kap. V Nr. 44), um die *Muskelfasern* der Haut deutlich hervorzuheben, ist die Doppelfärbung mit Indigkarmin-Boraxkarmin oder Orange-Hämatoxylin (Kap. V Nr. 38, 43) anzuwenden.

l. Zunge.

Zur *Isolation* der zelligen Elemente des *Geschmacksorganes* dürfte konzentrierte wässrige Oxalsäurelösung oder das HALLER'sche Gemisch am geeignetsten sein (Kap. I Nr. 18 und 19). Zur *Fixierung* empfiehlt sich Chromsäure, FLEMMING'sche Lösung, Pikrinsalpetersäure und Pikrinosmiumsalpetersäure (Kap. II Nr. 3, 14, 20, 21). Bei letzterer Methode, sowie bei Anwendung FLEMMING'scher Lösung liefert die Nachbehandlung mit rohem Holzessig nach MÄHRENTHAL (Kap. V Nr. 16) ausgezeichnete Bilder. Bei Fixierung und Paraffinierung von Teilen der Zunge sind genau dieselben Kautelen zu beobachten wie bei der Haut, denn auch hier durchtränken sich die Gewebselemente sehr schwer, sei es mit dem fixierenden Reagens, sei es mit Paraffin, während die Verkrümmung bei der Fixation in viel geringerem Grade statthat. Zur Färbung von Präparaten aus Pikrinsalpetersäure kann ich die Doppelfärbung mit Orange G-Hämatoxylin (Kap. V Nr. 43) ganz besonders empfehlen: die damit erhaltenen Bilder übertreffen an Zartheit des Kolorits wie an Feinheit der Nuancen meines Erachtens alle übrigen Farbstoffe bei weitem. Die Doppelfärbung mit Indigkarmin-Boraxkarmin (Kap. V Nr. 38) gibt die vorzüglichsten Bilder hinsichtlich der Muskelverteilung.

m. Auge.

Um *Übersichtsbilder* über den Bau des *Sehorganes* bei *Vertebraten* zu empfangen, ist es gut, den ganzen Bulbus *uneröffnet* auf mehrere Wochen in häufig zu wechselnder MÜLLER'scher Flüssigkeit (Kap. II Nr. 8) zu fixieren, in Alkohol nachzuhärten, mit Pikrokarmin (Kap. V Nr. 34—37) durchzufärben und in Celloidin (Kap. III Nr. 6) einzubetten. Man verzichtet dann aber auf feinere histiologische Details. Das Auge der *cephalopoden Mollusken* kann unter gleichem Verzicht ebenso behandelt werden, die Augen der *Schnecken* dagegen werden durch MÜLLER'sche Lösung meist vollständig mazeriert; sie müssen vorsichtig mit dem vollständig ausgestreckten Fühler fixiert werden. Es ist aber sehr schwer, solch vollständig ausgestreckte Fühler zu erhalten, da dieselben, wenn man das Tier nicht vorher gelähmt hat, sich heftig kontrahieren, wodurch das Studium des betreffenden Organes völlig unmöglich wird. Die Augen der *Arthropoden* dürfen ebenfalls nicht mit MÜLLER'scher Flüssigkeit behandelt, sondern müssen vor der Untersuchung sorgsam fixiert werden; bei den Tracheaten sind heiße Flüssigkeiten, bis 70° C. zu benutzen. Bei der in den folgenden Zeilen beobachteten Einteilung will ich mich an das Auge der Vertebraten halten.

α. **Cornea.** Die Hornhaut eines Frosches wird frisch in eine 0,5—1 % Lösung eines Eisenoxydulsalzes auf einige Zeit gebracht.

Dann wird sie herausgenommen, durch Pinseln wird das Epithel der Vorderseite entfernt, und nun wird sie zum zweiten Male in die Eisensalzlösung gethan, so dafs sie im ganzen in derselben 5 Minuten verweilt hat. Man spült sie in Wasser ab und schwenkt sie dann in einer 1 °/₀ Lösung von Ferridcyankalium, bis eine intensiv blaue, gleichmäfsige Färbung eingetreten ist, was einige Minuten dauert. Nach Abspülen in Wasser zeigt sich die Grundmasse gefärbt, während die Hornhautkörperchen und -Kanäle hell geblieben sind. Eine Kernfärbung kann noch nachträglich vorgenommen werden. Diese Methode stammt von LEBER (citiert nach FREY). Zur *differenten Darstellung* der die Hornhaut zusammensetzenden Elemente empfiehlt es sich, das *frische* Organ in eine 1 °/₀ Lösung von Argentum nitricum zu bringen (Kap. II Nr. 26) und nach erfolgter Reduktion langsam in Alkohol zu härten. Die angefertigten Schnitte kann man noch eventuell nachfärben. Man erhält die Lücken und Kanäle weifs auf braunem Grunde. Um ein positives Bild zu erlangen, d. h. schwarz gefärbte Hornhautlücken und -Kanäle auf weifsem Grunde, ist es nach STÖHR notwendig, die versilberte Cornea vor dem Eintritt der Reduktion in eine 3 °/₀ Kochsalzlösung auf 5 Minuten zu übertragen und sie dann in destilliertem Wasser dem Sonnenlichte auszusetzen. Nachhärten in Alkohol. Um die *Nervenendigungen* in der Cornea zu sehen, ist dieselbe zu vergolden, und zwar nach der COHNHEIM'schen oder RANVIER'schen Methode (Kap. II Nr. 28 oder 32).

β. **Iris.** Um *Schnitte* durch die Iris anfertigen zu können, legt man die vordere Hälfte eines Bulbus ohne Linse in ein fixierendes Reagens und bettet nach erfolgter Härtung in bekannter Weise in Paraffin ein. Die Färbung kann man dazu beliebig vornehmen.

γ. **Linse.** Die Struktur der Linse wird am besten an *frischen* oder mit *Isolationsflüssigkeiten* behandelten Objekten studiert. Schnitte lassen sich durch die Linse nicht anfertigen, da das Zentrum derselben sich nicht durchtränkt. Zur Isolation ist am geeignetsten ¹/₃ Alkohol (Kap. I Nr. 1), dessen Einwirkung sich bis auf 48 Stunden erstrecken kann. Man zerzupft in 0,75 °/₀ Kochsalzlösung. Um die *Linsenkapsel* von der Fläche betrachten zu können, kann man mit der Pinzette von der etwa 1 Stunde in ¹/₃ Alkohol verweilenden Linse dieselbe von der vorderen Wand abziehen und in Alaunhämatoxylin nachfärben (Kap. V Nr. 9—14); Aufheben entweder in verdünntem Glycerin oder nach der üblichen Vorbehandlung in Kanada oder Dammar.

δ. **RETINA.** Die *Struktur der Retinaelemente* erkennt man am klarsten an *Zupfpräparaten*, zu deren Herstellung nach den klassischen Untersuchungen von MAX SCHULTZE die Mazeration in Jodserum zu empfehlen ist (Kap. I Nr. 17). Bei wirbellosen Tieren kann man zu dem gleichen Zwecke dünne Chromsäurelösungen (Kap. I Nr. 4), MÜLLER'sche Flüssigkeit (Kap. II Nr. 8) oder dünne Pikrinsäurelösung verwenden (Kap. I Nr. 16). Zur Anfertigung von *Schnitten* empfiehlt sich die Fixierung in Chromsäure, Osmiumsäure oder FLEMMING'scher Lösung (Kap. II Nr. 3, 11, 14); allenfalls kann man noch Pikrinsalpetersäure verwenden (Kap. II Nr. 20). Alle anderen Fixierungsmittel möchte ich widerraten. Um die Retina der Vertebraten gut fixieren zu können, schneidet man mit einer scharfen Schere den Bulbus im Äquator durch und bringt die hintere Hälfte in viel Flüssigkeit; die Retina herauszupräpariren und allein zu fixiren ist nicht sehr ratsam, weil bei dieser Manipulation Verletzungen ausgedehnten Grades oft nicht zu vermeiden sind. Man bettet daher auch zur Schonung der Netzhaut dieselbe mit Chorioidea und Sclera in Paraffin ein. Zur Fixirung von Netzhäuten *wirbelloser* Tiere kann man auch mit Erfolg KLEINENBERG'sche Flüssigkeit und Sublimat verwenden (Kap. II Nr. 18 und 23). Bei Evertebraten sind die lichtempfindlichen Teile der Netzhaut von einem dichten Pigmentmantel umhüllt, den man entfernen mufs, ehe man an das Studium der betreffenden Organteile denken kann. Zur Entfärbung dient das GRENACHER'sche Gemisch, oder alkoholische Natronlauge nach *meiner* Angabe oder die P. MAYER'sche Methode (Kap. II Nr. 39, 40, 41). Für die Erkennung der Verzweigungen der *Ganglienzellen* der Retina ist die GOLGI'sche Methode nach der Modifikation von FUSARI zu empfehlen (Kap. II Nr. 27).

ε. **Chorioidea.** Zupfpräparate von frischem Materiale zeigen die einzelnen Teile der Gefäfshaut. Zur Erkennung der Gefäfsverteilung in derselben ist wohl die ALTMANN'sche Methode der Injektion mit nachfolgender Mazeration (Kap. VII Nr. 5) diejenige, welche die besten Resultate liefert.

ζ. **Sclera.** Ihre Struktur erkennt man auf Schnitten, die man nach beliebiger Fixirung und nach Einschmelzung in Paraffin anfertigt.

η. Zur Untersuchung der **Thränendrüsen** gelten die für die grofsen Verdauungsdrüsen (Submaxillaris etc.), zur Untersuchung der **Augenlider** die für die Haut empfohlenen Methoden.

n. Ohr.

Um den wichtigsten Teil des Gehörorganes, die *Schnecke*, an *Zupfpräparaten* studiren zu können, verwendet man mit Erfolg die Osmiumgoldmethode von RETZIUS (Kap. II Nr. 35). Zupfpräparate allein genügen aber nicht; man mufs, um namentlich über die Hörzellen ins Klare zu kommen, *Schnitte* von dem Organe anfertigen. Zur *Fixirung* ist Chromosmiumsäure von FLESCH, FLEMMING'sche Lösung und allenfalls noch Pikrinsalpetersäurepräparate zu verwenden (Kap. II Nr. 13, 14, 20). Vielfach wird angegeben, die Knochenkapsel der Schnecke an einer kleinen Stelle aufzubrechen, damit die Fixirungsflüssigkeit besser eindringen kann. Ich halte das nicht für richtig. Die Spannungsverhältnisse der CORTI'schen Membran werden durch das Aufbrechen wesentlich verändert und man erhält dann auf dem Schnitt, wenigstens ist es mir so gegangen, dieselbe gefaltet und aus der Lage gerissen. Bei Schnecken kleiner Säugetiere, z. B. Maus, Cavia, erfolgt das Eindringen der Fixirungsflüssigkeit sehr leicht. Um bei gröfseren Säugern das Aufbrechen zu vermeiden und das Eindringen zu erleichtern, dürfte es sich empfehlen, die Knochenkapsel durch Abschaben mittels eines scharfen Skalpells zu verdünnen. Nach Fixirung und Erhärtung mufs das Organ *entkalkt* werden; die dafür gebräuchlichen Methoden sind in Kap. II unter 36, 37, 38 beschrieben. Kleinere Gehörschnecken mit dünnen Knochenteilen, z. B. von Cavia, werden schon in der FLEMMING'schen Lösung, während des 24 stündigen Verweilens in derselben, hinreichend entkalkt. Vor dem Einschmelzen in Paraffin ist die Gehörschnecke genau in der Längsaxe mit einem scharfen Rasiermesser zu halbieren. Tut man das nicht, so ist die nachherige Orientierung für die Schnittrichtung fast unmöglich. Da die Knochengrundsubstanz sich sehr schwer mit Chloroform durchtränkt, so müssen die Objekte in dieser Flüssigkeit mehrere Tage verweilen.

Die *Bogengänge* untersucht man am besten frisch nach Färbung mit Pikrokarmin (Kap. V Nr. 34—37) und nach leichtem Zerzupfen in Glycerin.

Sacculus und Utriculus fixiert man in FLEMMING'scher Lösung oder in Pikrinsalpetersäure (Kap. II Nr. 14, 20).

Zur Erkennung der Nerven des *Trommelfells* dürfte die FLEMMING'sche Methode der Vergoldung am zweckmäfsigsten sein (Kap. II Nr. 33).

Die *Gehörknöchelchen* werden wie alle Knochen, die *Ohrmuschel* wird zur Untersuchung wie Haut oder Netzknorpel behandelt.

o. Nase.

Um die zelligen Elemente der regio olfactoria, wie respiratoria zu *isolieren*, sind als die besten Reagentien das Jodserum und dünne Chromsäure (Kap. I Nr. 17 und 4) zu empfehlen. Aufserdem ist 0,1 % Osmiumsäure (Kap. I Nr. 11) sehr geeignet. Zur *Fixierung* kann man Chromsäure, FLEMMING'sche Lösung, Pikrinsalpetersäure, Pikrinosmiumsalpetersäure (Kap. II Nr. 3, 14, 20, 21) verwenden. Bei Anwendung der Osmiumsäure enthaltenden Fixierungsmittel ist die Nachbehandlung mit rohem Holzessig nach MÄHRENTHAL (Kap. II Nr. 16) sehr angebracht; man erhält danach ganz ausgezeichnete Bilder. Für die nach dem Fixieren und Erhärten notwendige Entkalkung ist eine der in Kap. II sub Nr. 36—38 angegebenen Methoden zu verwenden. Zur Färbung der Schnitte von Pikrinsalpetersäure-Präparaten ist besonders empfehlenswert die Doppelfärbung mittels Orange G-Hämatoxylin (Kap. V Nr. 43).